PIERRE BLIARD

LE PÈRE LORIQUET

La Légende et l'Histoire

Librairie académique PERRIN et Cie.

LE Père LORIQUET

OUVRAGES DU MÊME AUTEUR

Les Conventionnels régicides (Perrin). In-8.

Les Mémoires de Saint-Simon et le P. Le Tellier confesseur de Louis XIV (Plon). In-8.

Dubois, cardinal et premier ministre (Lethielleux). 2 vol. in-8.

Le Conventionnel Prieur de la Marne en mission dans l'Ouest (Emile-Paul). In-8.

Fraternité révolutionnaire (Emile-Paul). In-8.

Jureurs et Insermentés (Emile-Paul). In-8.

Bibliothèque de la Compagnie de Jésus, tome X (Alph. Picard). In-4 à 2 colonnes.

Pour paraître incessamment

Bibliothèque de la Compagnie de Jésus, tome XI.

PIERRE BLIARD

LE PÈRE LORIQUET

La Légende et l'Histoire

PARIS

LIBRAIRIE ACADÉMIQUE
PERRIN ET Cie, LIBRAIRES-ÉDITEURS
35, QUAI DES GRANDS-AUGUSTINS, 35
1922

PRÉFACE

Je n'ai pas évidemment la prétention de retracer, en ces quelques pages, l'histoire complète du P. Loriquet. Aussi bien, la biographie du fameux Jésuite présentée avec quelque détail ressemblerait à beaucoup de celles que nous connaissons et partant n'intéresserait guère le grand nombre des lecteurs. Je me suis donc restreint aux traits spéciaux qui lui ont surtout valu sa célébrité.

Je montre comment la Révolution le persécuta alors qu'il était jeune encore et avant même qu'il eût rien fait contre elle ; comment l'impiété le poursuivit perfidement aux jours de sa maturité et de ses succès d'éducateur habile ; comment enfin, au temps de sa vieillesse, le parti pris, après qu'on l'eut rélégué dans la solitude en lui ôtant jusqu'à la possibilité d'enseigner les éléments de la grammaire à des enfants, s'acharna sur ses ouvrages, armé de mensonges et de calomnies. On verra que peu d'hommes, pendant leur vie, furent en butte à plus d'hostilité.

Ce n'est pas tout encore : Loriquet est mort depuis trois quarts de siècle, et les disciples de Montlosier, Michelet et Passy se souviennent de lui, non pas, il est vrai, pour le lire ou le réfuter, mais pour l'injurier et le vilipender.

Il m'a semblé équitable de protester de nouveau contre cette ignorance et cette haine, dont les soubresauts sont de presque tous les jours, en mettant loyalement en lumière les principaux traits du caractère de cette victime de la plus tenace partialité.

CHAPITRE PREMIER

SOUS LA RÉVOLUTION

SOUS LA RÉVOLUTION

I

Jean-Nicolas Loriquet naquit à Épernay, le
5 août 1767, « de Toussaint-François Loriquet,
maître écrivain en cette ville (1) », et de Mar-
guerite Dauphin. Il fut baptisé deux jours plus
tard, le 7, comme nous l'indique une petite
feuille jaunie (2) sur laquelle il avait inscrit,
pour s'en souvenir devant Dieu, les dates des
principaux événements de sa vie. C'est ainsi

(1) « Maître de pension. » Rapport de Merlin, 3o ventôse an IX (*Archives nationales* AFiii, 356) ; « instituteur
en cette commune » ; certificat de la commune d'Epernay. (*Ibid.*, F⁷, 5297, pièce 2). — Il semble que cette dernière qualification soit la plus exacte.

(2) Archives de la Compagnie de Jésus, dossier Loriquet. — Nous avons aussi son extrait de baptême, *ibid.*

que nous apprenons qu'il fit sa première communion le 20 mai 1778 et reçut la confirmation le 14 juin 1783.

Après avoir posé, près de son père, les fondements d'une instruction sérieuse qu'il développa à l'Université de Reims où il conquit le grade de maître ès arts, il était entré, le 8 novembre 1787, au séminaire de Saint-Sulpice à Paris. Il y passa trois années et reçut les Ordres mineurs le 17 mai 1788 (1), le sous-diaconat le 9 juin 1789, et le diaconat le 29 juin 1790 (2).

Revenu à la maison paternelle en 1790, il continua de se livrer avec ardeur à l'étude : il s'appliqua particulièrement à « la musique, à la géométrie, à l'astronomie, aux mathématiques, à la géographie et surtout à l'histoire ». Ce ne fut pas toutefois pour longtemps, car, au nom de la liberté reconquise, la Révolution ne le laissa guère jouir du calme et de la tranquillité. Bien qu'il ne fût pas prêtre et ne

(1) Il était tonsuré depuis le 10 juin 1786.
(2) Le rapport de Thuriot (*Arch. nation.*, F⁷, 5297, pièce 30) donne des dates inexactes.

remplît aucune fonction publique, on l'invita, le 16 janvier 1791, à prêter serment à la Constitution civile du Clergé. Il refusa (1).

La persécution ne s'était pas encore ouvertement déchaînée contre les ecclésiastiques fidèles. Loriquet demeura en liberté ; mais il put bientôt s'apercevoir que les réformateurs s'aigrissaient de jour en jour contre ceux qui n'avaient point cédé à leurs schismatiques injonctions et prévit le moment où l'orage éclaterait sur leurs têtes. Une occasion, qu'il ne semble pas avoir recherchée, s'offrit à lui de se mettre à l'abri.

« Au mois de juillet 1791, dit-il, le citoyen Jean-Étienne Werbrouck, négociant d'Anvers, m'écrivit pour m'offrir la place de précepteur de ses enfants. Le désir que j'avais d'étendre mes connaissances littéraires, la vue du peu de ressources que m'offrait pour cet objet le lieu de ma naissance, les espérances de les trouver abondamment dans une des villes les plus riches et les plus florissantes de la Bel-

(1) Dossier Loriquet, *ut supra*.

gique, la nécessité de m'assurer une place
qui pût fournir à ma subsistance sans m'ôter
le temps ni les moyens de m'instruire, tous
ces motifs réunis me déterminèrent à accepter les offres du citoyen Werbrouck, et je
partis à la fin d'août 1791, muni, selon la
loi, d'un passeport de la municipalité d'Épernay, visé du district (1), lequel passeport
m'autorisait expressément à aller remplir
chez le citoyen Werbrouck la place de précepteur de ses enfants.

« C'est là que j'ai résidé sans interruption
depuis l'époque de ma sortie de France (2)...
Les objets auxquels je me suis plus particulièrement appliqué sont la grammaire, dont j'ai
composé un traité, les langues grecque, latine,
italienne, hollandaise, la physique, les mathématiques, l'histoire, la géographie et la chronologie.

« Pour essayer mes forces dans ce genre,
j'ai composé d'abord un abrégé de chronolo-

(1) Cf. *Arch. nat.*, F⁷ 5297, pièces 4, 5, 40.
(2) Il nous dira plus exactement tout à l'heure qu'il
passa quelques mois en Hollande.

gie ; j'ai ensuite fait deux cartes les plus détaillées que je connaisse, l'une de chronologie qui montre d'un coup d'œil tous les empires anciens et modernes, avec l'époque précise de leur naissance, de leurs progrès, de leur décadence, de leur chute, tous les princes ou chefs qui les ont gouvernés et les hommes célèbres qui ont vécu de leur temps ; l'autre de mythologie, qui fait voir l'ordre et la succession des dieux, demi-dieux et héros de la fable. La seule raison qui m'ait empêché de les faire graver, c'est l'attente d'une paix générale qui doit fixer invariablement le sort de la Savoie, de la Belgique, de la Hollande et de la Pologne.

« Il se trouve encore chez mes parents deux cartes géographiques, l'une de la France divisée par départements, l'autre du département de la Marne, qui, quoique fort grossièrement ébauchées il y a cinq ans, annoncent néanmoins l'envie que j'avais de me rendre un jour utile à ma patrie (1). »

(1) *Mémoire justificatif pour J.-N. Loriquet*, 15 ventôse an IV (4 mars 1796). *Archives nationales*, F⁷, dossier 5297.

Loriquet termine le court exposé des occupations de sa jeunesse par la réflexion suivante : « On me pardonnera si j'ai parlé de moi et de mes travaux avec tant de hardiesse ; je n'en reconnais pas moins la nullité de mes talents littéraires ; mais on reconnaîtra aussi ce que j'aurais pu faire alors dans l'étude des sciences, si la fortune, en m'offrant plus de ressources et de moyens, avait secondé mon goût décidé pour les arts libéraux (1). »

Il vivait tranquillement au milieu de ces travaux pédagogiques et intellectuels, lorsque Robespierre, débarrassé de tous ceux qui lui portaient ombrage, établit sa domination sanguinaire. Le précepteur, qui avait égaré le passeport avec lequel il était sorti de France, craignit pour sa sécurité personnelle. Il se retira donc à La Haye, espérant y pouvoir mieux que partout ailleurs poursuivre sa formation scientifique (2). « J'y acquis, continue-

(1) *Ibid.*

(2) *Ibid.* — Il demeura dans cette ville « du mois de juin 1794 au mois de juin 1795 ». Cf. Rapport de Thuriot, *ibid.*, F⁷ 5297, pièce 30.

t-il, la connaissance de M. le Comte de Lowenhielm, envoyé extraordinaire et ministre plénipotentiaire du roi de Suède près la république batave, qui me confia, vers la fin de 1794, l'éducation de son pupille (1).

« Au mois de janvier 1795, j'attendis l'arrivée des Français à La Haye aussi tranquillement que je l'avais attendue à Anvers au mois de novembre 1792 (2). Je demeurai... près de M. le comte de Lowenhielm jusqu'au mois de juin 1795 que, son pupille devant s'en retourner dans la Belgique, je résolus d'y retourner aussi, dans la juste persuasion que, la justice et non plus la terreur étant à l'ordre du jour, il me serait facile... de reprendre avec sûreté l'éducation des enfants du citoyen Werbrouck. En conséquence, je pris la route d'Anvers muni d'un passeport du représentant du peuple Richard (3), alors en mission dans

(1) Il se nommait Aimé Van der Burgh.
(2) Cf. Rapport de Merlin, AFiii, 356 ; 5297 ; pièce 16.
(3) Cf. *Arch. nat.*, F⁷, dossier 5297, pièces 6, 13, 30. — Il en justifia au « représentant du peuple Lefebvre » (député de la Seine-Inférieure). Rapport de Merlin, *loc. cit.*, pièce 30.

la Hollande ; de là j'allai passer quelque temps
à Bruxelles, en attendant que le citoyen Werbrouck eût reçu le nouveau passeport qu'il
avait demandé à la commune d'Épernay. Cette
pièce étant arrivée, je vins prendre à Anvers
la place que j'y occupais avant mon départ
pour la Hollande. Non content de cette précaution, je fis consulter le directoire du
département des Deux-Nèthes (1), mes papiers
lui furent communiqués ; il jugea que j'étais
parfaitement en règle et que je n'avais rien à
craindre.

« Quel est l'homme, s'écrie alors Loriquet,
qui eût pu conserver la moindre défiance et
ne pas se croire à l'abri de toute recherche ? »

Il fallait, en effet, vivre en ces jours de
soupçons et de délations, pour se voir inquiéter
en de telles conditions.

Cependant, depuis le milieu de frimaire an
IV, la haine de l'émigré s'était réveillée plus
âpre au cœur des gouvernants, et des recher-

(1) Ce département était formé d'une partie du Bra-
bant septentrional, du marquisat d'Anvers et de la sei-
gneurie de Malines ; il avait Anvers pour chef-lieu.

ches minutieuses se poursuivaient dans les départements réunis. Comment ne pas essayer, de toutes les manières, d'immoler au bonheur du peuple, comme l'on disait, quelques prêtres ou nobles demeurés tranquilles jusque-là ! « Rassuré par mon innocence, écrit Loriquet, par les preuves que j'étais en état de fournir, par les assurances réitérées que j'avais reçues, je ne songeai ni à me cacher, ni à m'enfuir (1). »

Il fut cruellement puni de cette confiance candide en des hommes qu'il eût dû mieux connaître.

Le commissaire du pouvoir exécutif près l'administration municipale d'Anvers, en effet, l'ayant soupçonné d'être l'un de ces émigrés si détestés, le dénonça sans plus d'examen à l'administration départementale des Deux-Nèthes ; celle-ci, à son tour, se hâta de prévenir l'accusateur public. En ces jours, la liberté des citoyens était, on le sait, bien peu de chose pour les dépositaires de l'autorité (2).

(1) *Mémoire justificatif.* Arch. nat. F⁷, dossier 5297.
(2) « On parle d'union et tous les cœurs se regardent

Aussi, à peine l'accusateur public eut-il reçu les confidences liberticides du département que, le 22 pluviôse an IV (11 février 1796), il fit appréhender l'infortuné précepteur et saisir ses papiers (1). Ce dernier était âgé de vingt-neuf ans et prêtre depuis le 17 septembre 1791, c'est-à-dire depuis quatre ans, quand la persécution s'abattit ainsi sur lui.

Interrogé par le président du tribunal criminel des Deux-Nèthes, le prévenu donna sur sa personne et ses occupations antérieures les détails les plus circonstanciés, ainsi que les preuves les plus évidentes de non-émigration.

Le magistrat, effrayé peut-être de la sentence de mise en liberté qu'il allait être contraint de prononcer, fut heureux de trouver dans l'une

avec défiance... Chacun craint que sur un mot il soit envoyé à l'Abbaye ». Buzot à la Convention, séance du 28 janvier 1793 ; *Moniteur*, VI.

(1) C'étaient, outre ses lettres d'ordination, « des cahiers contenant des objets relatifs à l'instruction de la jeunesse, savoir des notions élémentaires de mathématiques, physique, etc., un recueil manuscrit de poésies françaises (n'ayant pas trait aux affaires publiques) et divers certificats d'études à l'Université de Reims ». Rapport de Merlin, *Arch. nat.* AFɪɪɪ, 356.

des exigences de l'accusé (1) un motif de se débarrasser de cette affaire, et, par jugement du 28 pluviôse (17 février 1796), il renvoya Loriquet devant le tribunal criminel de la Marne, plus à portée, disait-il, de ne point errer dans cette affaire (2). C'était le début d'une procédure sans fin et d'une série de décisions qui prolongeaient une injuste arrestation.

II

Le 4 ventôse an IV (23 février 1796), Loriquet était à Reims, incarcéré dans la prison de la Bonne-Semaine (3); le 5, il subissait un nouvel interrogatoire pendant lequel on lui présenta la liste des émigrés arrêtée le 27 prai-

(1) « Il entendait se prévaloir principalement dans sa défense du passeport, ou attestations des officiers municipaux d'Epernay ». Rapport de Merlin, *ut supra.*
(2) Cf. Rapport Thuriot, *ibid.* S. 297, pièce 30.
(3) Non loin du séminaire où il avait fait ses études cléricales.

rial an II (15 juin 1794), sur laquelle son nom figurait (1).

L'accusé ne se troubla pas à la vue de ce document et, sans retard, il se mit en devoir de faire face à ses ennemis. Le lendemain, en effet, il demandait au tribunal criminel, devant lequel on l'avail fait comparaître, un sursis de deux décades pour se procurer les pièces nécessaires à sa justification (2). Quelques jours plus tard, 11 ventôse, il adressait une pareille requête au ministre de la police générale (3), « attendu,

(1) Personne n'ignore que d'inexactitudes se rencontraient dans ces listes dressées à la hâte, sans soin et souvent dans les intentions les plus perverses. Je me contenterai d'apporter un seul exemple de ce criminel sans-gêne. Le régicide Oudot, devenu, comme tant d'autres (voir *Les Conventionnels Régicides*), l'un des plus fidèles serviteurs de Napoléon, écrivait le 24 germinal an VIII : Je demande la radiation sur la liste des émigrés du nom d'un « pauvre père de famille, petit marchand, petit cultivateur, connu par tous ses concitoyens pour n'être jamais sorti du territoire de la République. Il n'a été inscrit sur la liste que parce qu'il possède, du chef de sa femme, une petite maison dans un département voisin du sien (la Côte-d'Or) et qu'il n'y a pas fourni de certificats de résidence ». *Arch. nal.*, AA, 48, pièce 564.

(2) Rapport de Thuriot à Merlin, ci-dessus.

(3) C'était alors Merlin (de Douai) : il fut remplacé

disait-il, qu'il avait donné une pétition afin d'être rayé de la liste des émigrés, laquelle avait été égarée (1).

Cette dernière requête, bien que vigoureusement appuyée par le frère de la victime, Pierre-Nicolas Loriquet, fut rejetée par le ministre : il ne lui était pas loisible de se prêter à leur désir ; il n'en avait pas le droit. « C'est au tribunal à exécuter les lois, répondait-il, et si, d'après leurs dispositions, il y a lieu à un sursis, ce que je ne crois pas individuellement, il ne manquera pas de le prononcer. Vous pouvez à cet égard vous reposer sur sa justice (2). »

Effectivement, les juges, contrairement à l'avis, peut-être même aux désirs du ministre, comprirent le bien fondé de la réclamation du prévenu et, par une décision du 14 ventôse, firent droit à sa demande :

dans ce poste par Cochon de Lapparent, le 14 germinal an IV, et devint alors lui-même ministre de la Justice. Nous retrouverons ces deux régicides, devenus bientôt après humbles fonctionnaires de l'Empire.

(1) *Arch. nat.*, F⁷ 5297, pièces 47, 51.
(2) 12 ventôse. *Ibid.*, pièces 48, 49.

« Vu par le tribunal criminel du département de la Marne (1), séant à Reims, la pétition à lui présentée par Jean-Nicolas Loriquet le 6 ventôse, présent mois, et les pièces y énoncées ;

« Le tribunal, considérant que ledit Loriquet prétend faire valoir en sa faveur quelques dispositions de la loi et justifiant qu'il s'est toujours livré à l'étude des sciences et des arts, qu'il ne s'est absenté que pour s'instruire de plus en plus..., que son père s'est pourvu à l'administration départementale dans un temps utile, que la pétition présentée à cet effet est restée dans les papiers du directoire du district d'Épernay ;

« Considérant que l'article 5 du titre V de la loi du 25 brumaire an III est ainsi conçu : Dans le cas où le prévenu d'émigration prétendrait être encore dans le délai de justifier

(1) Ce tribunal était composé comme il suit : président, Jean-Joseph de Saint-Genis ; juges, Laurent Pellerin, Simon-Pierre Moreau, François Drouot, Nicolas Jouvant, Jean-Louis Boullanger ; accusateur public, Faciot ; commissaires du pouvoir exécutif, Maquenna, Thuriot de la Rozière.

sa résidence sur le territoire français ou de faire valoir en sa faveur quelque disposition de la loi, le tribunal le fera retenir en la maison de justice, et enverra sur-le-champ sa réclamation au directoire du district ; celui-ci prononcera dans les trois jours, et transmettra de suite son arrêté au comité de législation ;

« Ordonne que ledit Loriquet sera retenu en la maison de justice et que sa réclamation sera envoyée sur-le-champ à l'administration départementale, pour y être statué sur ce qu'il appartiendra (1). »

Cette sentence favorable était à peine portée qu'on attaqua sa légalité. L'un des commissaires du pouvoir exécutif, le sanguinaire Thuriot (2), observait qu'elle avait été rendue « sans communication préalable, et sans con-

---

(1) *Arch. nat.*, *ibid.*, pièce 29.

(2) Jacques-Alexis Thuriot de la Rozière, avocat au Parlement de Paris, député de la Marne à la Législative et à la Convention, commissaire civil près le tribunal de Reims sous le Directoire, juge au tribunal criminel du département de la Seine après le 18 brumaire, substitut du procureur général impérial près la Cour de cassation en 1805, banni en 1816 comme régicide et fonctionnaire aux Cent-Jours, mort à Liège en 1829.

clusions du ministère public, signifiée à sa
requête, mais à son insu » ; il pensait d'ailleurs qu'elle ne pouvait être fondée sur
aucun motif solide, l'étude de la théologie
n'ayant rien qui pût s'accorder avec le sens
de l'article, et la qualité de précepteur n'étant
pas plus favorable ». Puis après avoir cherché à établir cette assertion (1), ce en quoi il
paraît tout à fait sortir de son rôle, il concluait : « Il s'agit de voir s'il y a lieu de se
pourvoir en cassation contre ce jugement »,
car c'est « le seul moyen de le réformer »,
ajoutait-il.

Le ministre Merlin (2), informé de cette

(1) Thuriot à Merlin, 16 ventôse an IV. *Arch. nat.*, F⁷,
dossier 5297, pièce 3o. — Il osait bien, par exemple,
affirmer sans l'ombre de preuves « que le visa du représentant Richard ne pouvait démontrer qu'une surprise
faite à sa religion ».

(2) Philippe-Antoine Merlin, né le 3o octobre 1754 à
Arleux en Cambrésis, avocat au Parlement de Flandre,
envoyé aux Etats-Généraux par le tiers état de Douai,
membre de la Convention, du Comité de salut public
(15 fructidor an II, 1ᵉʳ sept. 1794), du Conseil des
Anciens, ministre de la Justice, l'un des cinq directeurs
après le 18 fructidor, comte de l'Empire. Exilé le 24 juillet 1815, il séjourna en Hollande jusqu'en 183o et mou-

difficulté, étudie très attentivement « avec la lettre de Thuriot les pièces de procédure (1) », pèse les réflexions de son correspondant, et répond « qu'il ne croit pas pouvoir en rien préjuger à présent ni s'expliquer aucunement sur le fond », qu'en tout cas « il n'y avait pas lieu au recours en cassation (1) » dont parlait Thuriot, que l'affaire devrait être sur-le-champ « envoyée à l'administration départementale ».

III

En conséquence, les débats s'ouvrirent sans retard devant ce tribunal. Mais, on ne sait pourquoi, au lieu de s'occuper d'abord de la question des délais sollicités, au lieu de déci-

rut à Paris le 26 décembre 1838. On le désigne souvent sous le nom de Merlin de Douai.

(1) Le ministre de la police générale au commissaire du pouvoir exécutif près le tribunal criminel de la Marne ; 24 ventôse an IV. *Arch. nat.*, F⁷, dossier 5297, pièce 34.

(2) *Ibid.*

der s'ils devaient avant tout être accordés au prévenu comme il le réclamait, les magistrats, traitant l'affaire au fond, se mirent en devoir de juger, sans plus amples informés, si oui ou non Loriquet était émigré. Il avait besoin de quelques jours pour réunir les pièces nécessaires à sa défense, et ces quelques jours on les lui refusait ! Il y avait plus inique encore : un tribunal régulièrement saisi avait prononcé en sa faveur, et ce jugement, bien que non cassé, était tenu pour inexistant et dédaigneusement foulé aux pieds !

Loriquet ne se laissa pas décourager par ce scandaleux mépris de la chose jugée, par cet incompréhensible oubli des droits d'un prévenu. Sans récriminer, il se plaça résolument sur le terrain sur lequel on l'appelait ; sa défense même, semble-t-il, n'en fut que plus énergique.

Dans un mémoire net et précis il niait carrément le délit d'émigration, alléguant, en sa faveur, diverses dispositions des lois récentes. Ne doivent pas être tenus pour émigrés, por-

tait celle du 8 avril 1792, ceux qui « justifie-
ront par brevets, inscriptions, lettres d'ap-
prentissage, qu'ils se sont livrés à l'étude des
sciences, arts ou métiers, et ceux qui ont été
notoirement connus avant leur départ pour
s'être consacrés à ces études et ne s'être absen-
tés que pour acquérir de nouvelles connaissances dans leur état », pourvu, ajoutait celle
du 25 brumaire an III, qu'ils n'aient exercé
« aucune fonction publique civile ou mili-
taire (1) ». Or, disait l'accusé, toutes ces
exceptions s'appliquent sûrement à moi, et à
l'instant il en apportait des preuves décisives.
C'était d'abord un certificat de l'administration municipale d'Epernay. Ses membres
déclaraient qu'à « leur connaissance Jean-
Nicolas Loriquet, fils du citoyen Toussaint-
François Loriquet, instituteur en cette commune, y était né, y avait été élevé, y avait
toujours cultivé les sciences et n'y avait
exercé aucune profession ni fonction publique ».

(1) Rapport au Directoire exécutif, 3o ventôse an **IV**
(21 mars 1796), *ibid.*, AFiii, 356, plaquette 1673, pièce 24.

Ils ajoutaient « qu'il était pareillement à leur connaissance que, lorsqu'il s'était absenté de la commune d'Épernay, c'était pour aller former l'éducation des enfants d'un négociant d'Anvers et dans les vues de se perfectionner dans les sciences (1) ».

A cette pièce signée et légalisée, Loriquet joignait, revêtu des mêmes garanties, le passeport que les pouvoirs publics lui avaient accordé lors de son départ pour la Belgique (2).

Battus sur ce point, les adversaires de l'accusé se jetaient d'un autre côté.

En supposant, répliquaient-ils, que votre départ et les circonstances qui l'accompagnèrent prouvent que vous n'avez point quitté la France en émigré, il est une autre prescription légale qui vous est contraire. D'après l'article 17, titre III, de la loi du 25 brumaire, « les citoyens portés sur les listes des émigrés du district du lieu de leur domicile, qui n'auront pas fait réclamer dans le délai de cinq

(1) *Arch. nat.*, F⁷, dossier 5297, pièces 7, 2.
(2) *Ibid.*

décades à compter du jour de la publication
de la liste, seront présumés émigrés (1) ». Or,
votre nom se trouve sur la liste dressée le
27 prairial an II, et nulle part ne se rencontre trace de réclamation en votre nom. — Par-
don, répondait Loriquet, cette réclamation
que vous exigez, je ne l'ai point faite moi-
même, il est vrai, car, après l'évacuation de
la Belgique par les armées françaises, tout
rapport entre les deux pays fut rompu, et je ne
sus même pas que j'avais été classé parmi les
prévenus. Heureusement mes parents, munis
du certificat de résidence que je leur avais
adressé d'Anvers (2), sollicitèrent instam-
ment ma radiation de la liste fatale, comme
il appert de plusieurs documents officiels.

Et aussitôt, l'accusé produisait des preuves
indiscutables de ce fait.

Pour abréger, je laisse de côté deux lettres
des anciens administrateurs du district d'É-
pernay (3) dans lesquelles ils témoignent

(1) *Ibid.*, AFiii, 356, plaquette 1673, pièce 24.
(2) Voir ce document, *ibid.*, pièces 7, 14.
(3) Cf. *Arch. nat.*, F⁷ 5297, pièces 8, 9, 10.

catégoriquement de cette démarche, et ne cite que quelques lignes signées par les officiers municipaux de la commune. « Nous, membres composant l'administration municipale d'Épernay, certifions qu'il a été trouvé dans l'ancien bureau des émigrés et des domaines nationaux du ci-devant district, d'après la recherche qui en a été faite sur la demande du citoyen Toussaint Loriquet et de sa femme, une pétition aux fins d'obtenir la radiation de Jean-Nicolas Loriquet, leur fils, sur la liste des émigrés..., que cette pétition, d'après l'attestation de l'ancien secrétaire du district et du chef du bureau des émigrés, y a été déposée, fin 1793 (vieux style), où elle est restée sans arrêté ni du département, ni du district, et sans que ladite pétition ait été inscrite sur le registre d'ordre...

> « A Épernay, séance publique tenante le 8 ventôse, l'an IV de la république une et indivisible. »

Suivent cinq signatures (1).

Pourquoi cette requête fut-elle oubliée dans

(1) *Ibid.*, pièces 7, 12.

les bureaux? continue la prévenu. Je ne le sais ; mais, par contre, je ne sais que trop pourquoi ma famille ne put poursuivre et pousser cette affaire. A ce moment, « l'orage éclata sur mes infortunés parents (1), versa sur eux un déluge d'afflictions ; et après les avoir accablés il vient enfin de crever sur la tête de leur fils, victime aussi bien qu'eux de l'erreur la plus funeste (2) ».

Après ce mouvement de sensibilité, Loriquet reprenait son argumentation. Vous me demanderez sans doute pourquoi, appuyé de tous ces motifs de sécurité, j'ai quitté la Belgique lorsque les Français y rentrèrent au mois de juin 1794? La réponse est simple et sera comprise de ceux qui maintenant président aux destinées de notre pays. La voici : « Robespierre gouvernait alors la France avec une verge de fer ; il n'y avait plus d'autres lois que ses caprices. J'avais égaré le passeport

(1) Mme Loriquet notamment fut arrêtée comme aristocrate et mère d'émigré. Conduite à Châlons, elle y demeura emprisonnée jusqu'à la fin de la Terreur.

(2) *Mémoire justificatif. Ibid.*

avec lequel j'étais sorti de France, et craignant, non sans raison, d'être confondu avec les coupables, et peut-être condamné avant d'avoir pu me procurer le double de mon passeport, je pris le parti de me soustraire à l'orage en me retirant à La Haye, lieu où je pouvais mieux que partout ailleurs vaquer à mes occupations littéraires. En effet, j'y trouvai des livres de toute espèce et surtout des livres grecs et italiens que je n'avais pu me procurer à Anvers (1). »

Ainsi parlait Loriquet; et vraiment, en présence d'une discussion aussi serrée que vigoureuse, des juges équitables n'auraient point hésité à lui promptement accorder sa réintégration dans ses droits de citoyen et sa mise en liberté.

Le département de la Marne agit différemment et, le 23 ventôse, rejeta la requête de l'accusé. « Les exceptions proposées par le prévenu, disait-il, ne sont pas présentées en la forme voulue par les lois. (De plus, il ne sem-

(1) *Mémoire justificatif. Ibid.*

ble pas) devoir être considéré comme s'étant exclusivement consacré à l'étude, soit parce que, ayant pris les Ordres de sous-diaconat et de diaconat à Reims, il a été prendre celui de la prêtrise à Malines en 1791, soit parce que, d'après ses propres certificats, il s'est borné au préceptorat dans diverses maisons à Anvers et à La Haye, soit enfin parce que les papiers trouvés chez lui lors de son arrestation annoncent plutôt une collection utile à l'état de précepteur, que des ouvrages destinés à l'amélioration des sciences et des arts (1). » « Il n'y avait donc pas lieu à délibérer sur sa demande en radiation de la liste des émigrés », les exceptions de la loi du 25 brumaire qu'il invoquait en sa faveur ne lui étant point applicables (2).

(1) Rapport de Merlin au Directoire exécutif, 3o ventôse an IV (21 mars 1796). *Ibid.*, AFⅢ, 356, 1673, pièce 24.

(2) Rapport de Merlin, 18 germinal an IV (7 avril 1796). *Ibid.*, F⁷, 5297, pièce 21. — Je me borne à relever une erreur évidente dans les considérants de cet arrêté : il y est dit que Loriquet était « sorti du territoire de la République depuis le 1ᵉʳ juillet 1789 », alors que ce départ n'eut lieu que deux ans plus tard « dans le mois

C'était pour le prévenu un grave échec;
mais cet échec ne découragea pas sa constance : L'administration départementale ne se
fut pas plus tôt prononcée contre lui qu'il en
appela au Directoire exécutif (1).

A peine Loriquet avait-il fait cette démarche que le ministre de la Justice, comme s'il
eût craint l'impartialité des nouveaux juges,
leur adressait l'arrêté du 23 ventôse en l'ac-
compagnant d'un rapport étendu dans lequel
il prenait assez visiblement parti contre l'accusé. D'abord, en effet, après avoir rappelé les
motifs qui avaient fait agir le département
contre Loriquet, il ajoutait : « Les considérations de cet arrêté sont fortes, et j'avoue
qu'elles me paraissent décisives »; il terminait, en second lieu, l'exposé des objections
opposées à ce jugement par ces mots signifi-
catifs : « Telles sont, citoyens, les raisons que
l'on peut faire valoir en faveur de Loriquet,
il me serait doux de pouvoir vous dire que je

d'août 1791 ». Rapport de Merlin, 3o ventôse, *ut supra* ;
Mém. justificatif pour J.-N. Loriquet, ut supra.
(1) *Ibid.*

les trouve concluantes. » Ma conscience ne me
le permet pas. « Je les soumets néanmoins à
votre sagesse. Mais, guidé par la loi et ne con-
naissant que la loi, je suis obligé de vous
soumettre le projet d'arrêté ci-joint (1). »

Ce projet, on le devine, était défavorable à
Loriquet. Les membres du Directoire, Reubell,
Le Tourneur, Carnot et La Révellière-
Lépeaux, l'adoptèrent sans grand examen ce
jour-là même, 3o ventôse. Le jugement du
département fut confirmé, et la pétition de
Loriquet rejetée : on le devait tenir pour un
véritable émigré et, comme tel, il était traduit
devant le tribunal criminel de la Marne,
auquel resssortissaient les affaires de cette
espèce (2).

(1) Rapport au Directoire exécutif, *ibid.*, AFiii, 356,
1673, pièce 24. Le commissaire du Directoire près le tribunal criminel de la Marne, Thuriot, se prononçait plus
catégoriquement encore : « Loriquet, disait-il, est un
fanatique qui a quitté la France en haine de la Révolution... Si cet homme est dans l'exception en faveur des
savants, il n'y a plus lieu de condamner personne. » Au
ministre de la police. *Archives nationales*, F⁷ 5297,
pièce 27.
(2) Voir cette pièce. *Ibid.*, AFiii, 356, 1673, 19.

IV

Jusqu'ici tous les efforts de Loriquet avaient donc échoué : non seulement on ne s'inquiétait pas du sursis qu'il avait sollicité et régulièrement obtenu ; mais, de plus, les membres du Directoire exécutif, comme ceux de l'administration départementale, prononçaient qu'il était coupable d'émigration.

Toutefois, si le danger augmentait pour l'infortuné prévenu, il semble aussi que son courage et celui de ses amis croissaient en proportion.

Sans perdre un moment, ceux-ci entrent en campagne et attaquent, avec vigueur, et la décision que le Directoire avait consacrée de son autorité, et la sentence qu'il venait de rendre lui-même ; ils prennent à partie spécialement tous ceux qui avaient eu quelque part à ce dernier acte, le ministre de la police, dont le rapport avait préparé cette approbation, comme les directeurs qui l'avaient donnée.

Notons pourtant qu'à cette période de la lutte Loriquet ne paraît point de sa personne pour l'ordinaire sur le champ de bataille, tandis que ses défenseurs y déploient toute leur énergie.

A leur tête se distingue son frère Pierre-Nicolas. Dès le 4 germinal (24 mars), il adresse au ministre de la police générale une réfutation vigoureuse de l'arrêté du 23 ventôse, ainsi que de la confirmation qui en avait été faite le 30 du même mois. Nous en détachons quelques lignes. Le citoyen ministre, dont il faut éclairer la conscience, dit-il, voudra bien avoir égard aux circonstances où cet arrêté fut rendu. « On pourrait (sans injustice) le soupçonner d'avoir été dicté par la crainte..... A cette époque (en effet) on annonçait comme certain que le département allait être destitué ; la voix publique désignait même les remplaçants. La passion que les administrateurs laissent entrevoir dans leur arrêté, leur dextérité à interpréter défavorablement les lois qui servent d'égide à Loriquet, leur obstination à vouloir le trouver coupable n'autorisent-ils pas ces soupçons? »

Après ce préambule, qui certes ne connaît point les ménagements excessifs, Pierre-Nicolas réfute directement les considérants du jugement de l'administration départementale (1).

Mon frère, dit-il, est, d'après l'administration départementale, inscrit sur la liste des émigrés, « et il n'apparaît aucune radiation ni provisoire, ni définitive de son nom ».

Il est bien vrai que la radiation nécessaire n'a pas été faite. Mais à qui la faute? Les membres du district et de la municipalité d'Épernay certifient authentiquement, et c'est justice, que toutes les démarches légales et utiles s'effectuèrent en temps opportun dans ce but (2). « Le département voudrait-il ren-

(1) Pierre Loriquet, sans doute pour ne point s'embarrasser en de menus détails, ne relève pas l'erreur de l'administration départementale de la Marne, disant que Loriquet avait quitté la France dès le 1ᵉʳ juillet 1789.

(2) On retrouve même, affirme Merlin, les pièces au-

dre le citoyen Loriquet victime de la négli-
gence inexcusable... des pouvoirs établis...,
(qui, contre tout droit, ne tinrent aucun compte
d'une requête si grave)? N'est-ce pas déjà trop
de la payer de la privation de sa liberté? »

« Le département prétend en outre que
Loriquet ne doit pas être compris dans l'exception en faveur des sciences, « parce qu'il a
« été prendre l'Ordre de la prêtrise à Malines,
« en 1791, époque de sa sortie de France. »

Mais le diaconat et le sous-diaconat reçus
précédemment ne l'avaient point empêché de
se consacrer exclusivement à l'étude des
sciences ; pourquoi le sacerdoce l'aurait-il fait?
D'ailleurs, « l'administration départementale
prête malignement à l'accusé des intentions
qu'il n'avait pas. Le certificat de l'administration municipale du canton d'Épernay donne
à ces mal intentionnés un démenti formel. Il
porte que Loriquet s'est absenté de la commune d'Épernay non *pour aller prendre la pré-
trise*, comme l'insinue le département, mais

thentiques qui l'établissaient. — Cf. Rapport de Merlin,
3o ventôse, an IV, *loc. cit.*

bien *pour aller former l'éducation des enfants d'un négociant d'Anvers et dans les vues de se perfectionner dans les sciences...*

« Les administrateurs sont trop éclairés pour prétendre que la prêtrise et les sciences sont incompatibles. Mably, Barthélemy, Vertot, Sieyès, Grégoire, Raynal, quoique prêtres, n'ont-ils pas toujours été considérés comme hommes de lettres? »

Après cette singulière mais habile énumération, le frère du condamné passe à un second grief.

D'après les propres certificats de Jean-Nicolas, poursuivent les juges du 23 ventôse, *il s'est borné au préceptorat.*

Cette assertion est étrange. Car, « avec de la bonne foi, (ces messieurs) auraient lu dans les pièces justificatives *qu'il était de notoriété publique que (mon frère) avait toujours cultivé les sciences, et qu'il avait quitté sa commune dans les vues de s'y perfectionner.*

« Le préceptorat, loin d'être un obstacle à la culture des sciences, a toujours été pour les hommes sans fortune un moyen de les cultiver : témoin J.-J. Rousseau, pour n'en citer point d'autres. Loriquet, né de parents pauvres, avait besoin d'une place qui lui procurât cette douce aisance que demande l'étude des lettres et que la fortune lui avait refusée.

« Rien ne peut donc autoriser le département à refuser à Loriquet un titre que ses occupations, avant son départ de France, les motifs de sa sortie et ses travaux depuis cette époque lui ont justement acquis. »

Tous ces raisonnements, me répliquent les membres de l'administration, sont peut-être fondés en théorie; dans le cas spécial qui nous occupe, ils ne le sont assurément pas : « les papiers trouvés chez Loriquet lors de son arrestation annoncent plutôt une collection relative à l'état de précepteur que des ouvrages destinés à l'amélioration des sciences et des arts ».

Vous sentez vous-même, citoyen ministre, répond Pierre Loriquet, ce que vaut une pareille assertion; vous savez que « tous les gens de lettres adonnés par besoin à l'éducation ont été nécessités à travailler pour leurs élèves; en étaient-ils moins regardés comme personnes de lettres? La culture des sciences suffit, ce me semble, pour mériter ce titre. Si les productions sont nécessaires, deux cartes... et différents manuscrits trouvés dans les papiers (de mon frère) annoncent au moins l'envie qu'il avait de se rendre un jour utile à sa patrie. Que peut-on exiger d'un jeune homme de vingt-huit ans qui fait passer ses idées dans le creuset de la réflexion avant de les mettre au jour! Penser avant d'écrire, est-ce un crime aux yeux des administrateurs? Ce n'en sera certainement pas un aux yeux d'un ministre éclairé, qui sait que Rousseau avait environ quarante ans lorsqu'il fit paraître son premier ouvrage. »

« Je crois, terminait le défenseur, avoir répondu d'une manière victorieuse aux objections de l'administration départementale et fait sentir au ministre combien elles sont peu fondées.

« Je remets à l'appui de la présente onze pièces qui me sont parvenues très tard...

Toute une famille éplorée se repose sur l'équité du ministre, qui rendra à la liberté un citoyen qui jouit de l'estime publique (1). »

Les pièces ainsi annoncées étaient celles que le refus du sursis si légitimement réclamé, on s'en souvient, n'avait pas encore permis d'utiliser pour la défense du prévenu, et dont l'absence connue n'avait pas empêché les diverses juridictions, devant lesquelles il avait paru, de se prononcer contre lui.

C'étaient « un petit recueil manuscrit de poésies françaises », dans lequel on n'avait rien trouvé qui eût trait à la politique (2) ; un certificat de la commune d'Épernay, témoignant que Loriquet avait toujours exclusivement cultivé les sciences et même avec une telle ardeur que le désir de s'y perfectionner l'avait décidé naguère à quitter la France (3). Le

(1) Pierre-Nicolas Loriquet au ministre de la police générale, 4 germinal an IV (24 mars 1796). — *Arch. nat.*, F⁷, dossier 5297, pièce 7.

(2) Cf. *Ibid.*, pièces 7, 1.

(3) *Ibid.*, 2, 17. — Divers citoyens d'Anvers, au nombre de dix-huit, écrivaient : « Nous déclarons et attestons que Jean-Nicolas Loriquet était homme de lettres,

troisième document était le double du passeport obtenu par Loriquet lors de son départ
pour la Belgique (1); le quatrième, une attestation de l'administration municipale de sa
ville natale établissant qu'à l'époque de sa sortie du royaume, en 1791, on ne tenait pas
registre des passeports accordés, que partant
la disparition de cette pièce ne pouvait être
invoquée contre le prévenu (2).

Pierre Loriquet adressait encore à Merlin un
certificat de résidence à Anvers signé par le
chargé des affaires précuniaires pour l'armée
française (3); un autre écrit du même genre,
donné par l'envoyé extraordinaire du roi de
Suède près la république batave, déclarant que

ayant un zèle infatigable et peu commun pour les
études, qu'il s'est montré assidûment appliqué à celles
des mathématiques, de l'italien, du grec, de la physique,
etc. ; que ses qualités, mœurs et talents attiraient
l'estime de tous ceux qui le connaissent, et enfin qu'il a
toujours été considéré comme un homme d'un rare
mérite et consommé dans les sciences. » 16 ventôse,
an IV. *Ibid.*, 17.
   (1) *Ibid.*, 3.
   (2) *Ibid.*, 4.
   (3) *Ibid.*, 5, 14.

Jean-Nicolas Loriquet n'avait jamais été regardé
comme émigré (1) ; une lettre de Jean Solvyns,
administrateur du département des Deux-
Nèthes, lettre dans laquelle ce fonctionnaire
témoignait connaître suffisamment l'accusé
pour attester qu'il s'était « constamment com-
porté comme un citoyen paisible (2) ».

Les autres pièces enfin, communiquées par
le frère de l'accusé, prouvaient ou bien que
toutes les démarches nécessaires à sa radiation
de la liste des émigrés avaient été faites en
temps utile (3), ou bien qu'il n'avaít jamais
été tenu pour tel soit par deux représentants
du peuple en mission dans la Belgique, soit
par plusieurs agents du gouvernement français (4), comme quelques-uns, d'ailleurs,
l'avaient à plusieurs reprises certifié par
écrit (5).

Tel était devant le ministre le vigoureux

(1) *Ibid.*, 6.
(2) *Ibid.*, 7.
(3) *Ibid.*, 8, 9. 10.
(4) *Ibid.*, 13, 15, 16.
(5) *Ibid.*, 15.

plaidoyer de Pierre Loriquet. Ce ne lui fut pas assez. Peu après, 13 germinal (2 avril), il s'adressait directement aux membres du Directoire. Il leur annonçait l'envoi des pièces dont nous venons de parler, les conjurant de reviser leur arrêté du 30 ventôse et d'ordonner qu'il fût sursis à son exécution jusqu'à ce qu'ils eussent examiné de nouveau cette affaire. « Citoyens, terminait-il, je vous demande justice, justice entière. Encore une fois, je l'attends de vous; vous ne voulez pas confondre l'innocent avec le coupable (1). »

Aux côtés de ce vaillant, se rangea, pour la défense de l'accusé, un représentant du peuple, Jean Johannot (2). Le 16 germinal, il écrivait

(1) Appel au Directoire exécutif d'un arrêté pris par lui le 30 ventôse au sujet de Jean-Nicolas Loriquet. *Arch. nat.*, F⁷, dossier 5297, pièce 4. — « Celui-là n'était pas d'une famille noble qui n'est sorti du territoire français que dans un temps où il était permis de le faire et avec un passeport exprès; qui prouve que dans le pays étranger il ne s'est occupé que de l'éducation de quelques élèves et de la culture de la science et des arts... Citoyens, je vous demande justice, justice entière. »

(2) Jean Johannot, né à Genève le 30 juin 1748; député du Haut-Rhin à la Convention nationale, vota,

au citoyen Cochon (1), depuis deux jours
ministre de la police générale à la place de
Merlin : « Je vous adresse, ancien collègue,
le frère du citoyen Loriquet, prévenu d'émigration... les pièces justificatives qu'il remet
sont arrivées après l'arrêté qui le maintenait
sur la liste des émigrés.

« Il serait affreux qu'il fût condamné et
qu'après sa mort, on produisît les pièces de
son innocence ; dans cette situation, il serait
juste d'ordonner un sursis à la mise en juge-

dans le procès de Louis XVI, la mort et le sursis.
Membre du conseil des Anciens, il s'expatria en 1816 et
mourut à Echichens, dans le canton de Vaud, le 15 janvier 1829. — Je n'ai pu découvrir pourquoi il s'intéressait
au futur jésuite.

(1) Charles Cochon de Lapparent, né à Champdeniers
(Deux-Sèvres), le 24 janvier 1750, conseiller au présidial
de Fontenay-le-Comte, député suppléant de la noblesse
de la sénéchaussée du Poitou, siégea à la Constituante ;
député des Deux-Sèvres à la Convention, membre du
comité de salut public après le 9 thermidor, membre du
conseil des Anciens, ministre de la police générale
(14 germinal an IV, 3 avril 1796), arrêté après le 18 fructidor, préfet de la Vienne en l'an VIII, des Deux-Nèthes
en 1805, préfet de la Seine-Inférieure pendant les Cent-
Jours, proscrit en 1816, rappelé en France en 1817 ; il
mourut à Poitiers le 19 juin 1823.

ment, afin de faire la vérification de cette affaire et de s'assurer qu'il ne périra que s'il est vraiment criminel. » Johannot, après un éloge discret de son client (1), terminait : « Demandez le sursis, je vous en conjure, vous êtes juste et vous ne voulez que la punition du vrai coupable ; il est prudent, dans tous les cas, de différer pour ne pas frapper dans l'incertitude (2). »

Le même jour, l'officieux conventionnel écrivait pareillement à son collègue Richard : « Tu est (*sic*) juste et sensible, mon cher collègue, et je t'adresse le frère d'un malheureux qui va périr (3), tandis qu'il est peut-être innocent. Lis le mémoire... qui te sera pré-

(1) « Les relations d'Anvers, où il a demeuré cinq ans, portent que c'est un jeune homme de lettres, de mérite, connu pour de bons ouvrages, par une bonne conduite et par son patriotisme. » — On se souviendra que c'est un régicide qui loue ainsi Loriquet et que la signature de ce défenseur inattendu est accompagnée des points maçonniques.

(2) *Arch. nat.*, F⁷, dossier 5297, pièce 24.

(3) Vraiment, Johannot ne témoignait pas d'une confiance excessive dans les juges de Loriquet ; à ce moment, le procès était encore pendant.

senté par son frère porteur de cettre lettre, lis
la lettre que j'écris à Cochon et contribue à
obtenir un sursis pour ne frapper qu'un coupable.

« Tu dois connaître le citoyen Loriquet, son
passeport est signé de toi à La Haye (1). »

Le citoyen Reubell, membre du Directoire
exécutif, était à son tour prié par Johannot
d'intercéder et d'agir par lui-même pour son
protégé (2).

Ces appels, qui paraissent désintéressés,
furent entendus, et dans une brève apostille
de leur main, Richard et Reubell demandaient
à Cochon de s'employer promptement à une
équitable solution (3).

Ce dernier ne s'y refusa pas. Ce ne fut point,
cependant, pour entrer tout à fait dans les
vues de Loriquet et de ses défenseurs, comme
l'équité la plus élémentaire le demandait.

---

(1) *Ibid.*, pièce 25. — Richard, né à La Flèche le 28 septembre 1761, député de la Sarthe à la Convention, mort
le 17 août 1834.
(2) *Ibid.,* pièce 26.
(3) *Ibid.,* 25 et 26.

S'arrêtant à mi-chemin, il conseilla au Directoire non d'étudier à nouveau la question à la lumière des pièces récemment versées aux débats (1) et, s'il le fallait, de casser l'arrêt précédemment rendu; mais de se désintéresser du litige et de transmettre les documents dernièrement produits au tribunal criminel de la Marne, déjà saisi de l'affaire. De la sorte, disait le ministre, on évite l'inconvénient d'enlever à des juges une cause qui leur a précédemment été confiée, sans que pourtant les réclamants aient aucun motif de se plaindre, car la justice à laquelle ils ont droit leur sera rendue, et l'accusé relâché, « si les pièces nouvelles démontrent son innocence (2) ».

Le Directoire, dans une délibération du 18 germinal (3) (7 avril 1796), approuva cette procédure, acceptable malgré tout (4). En

(1) Rapport au Directoire, 18 germinal an IV; *ibid.*, pièce 21.

(2) *Ibid.*

(3) Ce même jour, le tribunal criminel prenait un arrêté de sursis jusqu'à ce que le département se fût prononcé. *Ibid.*, pièce 23.

(4) Cf. Extrait des registres des délibérations du Direc-

conséquence, il prescrivit d'adresser sans
retard à l'accusateur public près le tribunal
criminel tout ce qui avait trait à cette cause :
ordre que Cochon s'empressa d'exécuter (1).

V

Sur ces entrefaites, se produisit une com-
plication d'autant plus fâcheuse qu'elle semble
témoigner d'un lamentable sans-gêne de la
part de certains représentants du pouvoir vis-
à-vis des prévenus.

Au commencement de floréal, le ministre
de la police générale, Cochon, s'apercevait
que les pièces relatives à Loriquet, adressées
le 8 germinal au Département de la Marne,
n'étaient point parvenues à leur destination (2). Peu après il constatait également que

toire exécutif, 18 germinal an IV. *Ibid.,* F⁷, 6010,
pièce 3.
  (1) Cf. *ibid.,* F⁷, 5297, pièce 20.
  (2) *Ibid.,* pièce 13.

plusieurs autres, expédiées le 18, n'avaient pas pris une meilleure direction (1) ; trois seulement, parties postérieurement de ses bureaux, n'avaient point été égarées (2).

Le 9 floréal, une circulaire réclamant ces importants documents était adressée aux commissaires du pouvoir exécutif près les tribunaux civils et militaires de divers départements (3). Mais de toutes parts on répondait n'avoir rien reçu de tel (4).

Le ministre de la police générale se découragea-t-il devant l'inutilité de ces recherches, ou plutôt voulut-il profiter habilement d'un incident qui retardait la mise en liberté d'un prévenu pour lequel il demeurait assez mal disposé ? Toujours est-il que son collègue de la justice se vit contraint d'essayer de l'arracher à sa coupable torpeur. Sept mois plus tard, le 3 frimaire an V (23 novembre 1796),

(1) Au commissaire du pouvoir exécutif près le tribunal criminel de la Marne. *Ibid.*, 18.
(2) Au ministre de la justice, *ibid.*, pièces 13, 41.
(3) Aube, Loire-Inférieure, Haute-Garonne, Aveyron, Yonne, Gard et Bruxelles.
(4) Cf. *Arch. nat.*, F⁷, dossier 5297, pièces 38, 39, 40, 45.

il lui écrivait : « Le tribunal (criminel) du département de la Marne se trouve arrêté, mon cher collègue, dans la procédure qu'il est chargé d'instruire contre Jean-Nicolas Loriquet, prêtre, prévenu d'émigration, parce qu'il n'a pas sous les yeux les pièces que ce prévenu produit pour sa justification et sur lesquelles un arrêté du Directoire en date du 18 germinal charge ce tribunal de prononcer.

« Le président a dû s'adresser à vous vers le mois de floréal an IV pour obtenir le renvoi de ces pièces, mais il n'a pas encore reçu de réponse ; cependant, mon cher collègue, cette affaire est depuis longtemps en suspens, puisque l'arrestation de Loriquet remonte au 21 nivôse (1) de l'an IV, et il serait à désirer que vous fassiez (*sic*) rechercher les pièces demandées par le tribunal du département de la Marne, afin que l'on pût prononcer sur le sort de cet individu (2). »

Quinze jours après l'envoi de cette lettre,

____

(1) Non, au 22 pluviôse.
(2) *Arch. nat.*, *ibid.*, pièce 17.

Cochon se décide à répondre. Il rappelle la disparition des papiers à lui réclamés, les démarches qu'il a faites pour les retrouver et aussi l'inutilité de ces efforts. Il ne peut donc transmettre au tribunal criminel que lés duplicata des pièces antérieurement adressées au département de la Marne, et si malencontreusement perdues. « Je crois, termine-t-il cavalièrement, qu'elles sont suffisantes pour guider le tribunal dans la marche qu'il doit suivre (1). »

Pour le guider dans la marche à suivre, peut-être ; pour lui permettre de se prononcer en connaissance de cause, non. Au lieu de quinze pièces authentiques fournies par Loriquet pour sa défense, on en communique six seulement à ses juges (2), et même ce ne sont point les plus concluantes. Pas une n'atteste, par exemple, les tentatives de la famille du prévenu pour obtenir sa radiation de la liste

(1) Le ministre de la police générale au ministre de la justice, 18 frimaire an V (8 décembre 1796). *Arch. nat.*, F⁷, dossier 5297, pièce 13.

(2) Cf. l'accusé de réception ; *ibid.*, pièce 11, 29 frimaire an V (19 décembre 1796).

des émigrés. Rien non plus pour témoigner
juridiquement que les représentants du peuple
Richard, Lefebvre et plusieurs autres fonctionnaires de la République ne l'avaient jamais
tenu pour coupable du crime dont on le
chargeait. Sur des points si importants, il
faudrait se fier à des copies. Vraiment n'y
avait-il pas lieu de craindre que les juges ne
redissent à l'accusé comme autrefois : Les
pièces que vous invoquez pour votre défense
« ne sont pas présentées en la forme voulue
par les lois (1) » ; il nous est donc impossible
d'en tenir compte.

A défaut des documents à décharge qu'on
ne lui fournissait point, le ministre de la justice réclama de son collègue de la police générale « les deux arrêtés du Directoire exécutif
qui maintenaient sur la liste des émigrés le
nom de Jean-Nicolas Loriquet (2) ». On se
hâta, bien entendu, de satisfaire à cette

(1) Cf. réfutation de l'arrêté de l'administration départementale du 30 ventôse ; *ibid.*, pièce 7.
(2) *Ibid.*, pièce 10.

requête (1). Était-ce pour inviter les juges à ne pas s'écarter de la voie persévéramment suivie jusque-là ? On peut le craindre.

Quoi qu'il en soit et malgré les objurgations de Merlin (2), le tribunal se taisait et la détention de Loriquet se prolongeait. Celui-ci, informé de la perte des pièces fournies pour sa défense, y vit la cause probable de ces longs délais. Il se crut donc autorisé à solliciter hardiment son élargissement provisoire. Sa demande resta sans réponse (3).

Pendant ce temps, des amis fidèles s'occupaient activement de lui, et plusieurs fois déjà ils avaient tout préparé pour assurer sa délivrance ; ses geôliers eux-mêmes étaient disposés à fermer les yeux ou à les détourner.

---

(1) 9 ventôse an V. *Ibid.*, pièce 2.

(2) « Comment se fait-il, écrivit-il à Reims, que l'affaire Loriquet n'aille pas plus vite ? Finissez-en tout de suite. » Cité par Henrion, *Vie du R. P. Loriquet*, 36.

(3) La cause de ce mutisme n'était-elle pas, au fond, celle indiquée pour un autre ecclésiastique par le conventionnel Oudot que j'ai déjà nommé ? Impossible, dit-il, d'obtenir la radiation à laquelle il a droit, « sa qualité de prêtre y a toujours fait un obstacle insurmontable ». *Arch. nat.*, AA, 48, p. 564.

Le captif hésitait, non assurément par crainte d'un échec et conséquemment d'un emprisonnement plus rigoureux, mais par le désir du martyre qu'il entrevoyait tout près de lui. Il ne fallut donc rien de moins pour le décider que l'ordre de l'un des vicaires généraux. Devant cette injonction il céda (1) et, le 15 août 1797, il franchit les murs qui l'avaient trop longtemps enserré.

VI

Loriquet était libre, mais il restait dans une situation fausse et dangereuse. Heureusement, les années, en s'écoulant, allaient tout régulariser. Le 6 floréal an X (26 avril 1802), une loi avait été votée qui rendait la patrie à certains émigrés. Loriquet se trouvait dans l'une des catégories favorisées : il résolut d'en profiter.

(1) « *Jubente summo vicario, subire debuit vir obediens.* Arch. de la Compagnie de Jésus, dossier Loriquet. — Cet exposé semblera peut-être long ; il montrera du moins comment la justice se rendait alors.

En conséquence, à la fin de ce même mois, il faisait une démarche décisive dont voici le procès-verbal :

« L'an X de la République française, le 29 floréal (19 mai 1802), est comparu pardevant nous, préfet du département de la Marne, séant au conseil de préfecture, le citoyen Jean-Nicolas Loriquet, prêtre, natif d'Épernay, âgé de trente-cinq ans, demeurant à Châlons (sans surveillance), prévenu d'émigration, lequel, pour satisfaire à l'article 7, titre Ier, de la loi du 6 floréal courant inscrite au registre de la préfecture du 16 dudit mois, a fait les déclarations, serment et renonciation prescrits par les articles 3, 4 et 5 de ladite loi dans les termes suivants :

« Je déclare être dans l'intention de profiter du bénéfice de l'amnistie.

« Je jure d'être fidèle au gouvernement établi par la Constitution et de n'entretenir ni directement, ni indirectement, aucune liaison ni correspondance avec les ennemis de l'État.

« Je déclare aussi n'avoir obtenu des puissances étrangères aucuns titres, places, décorations, traitement ou pension.

« De tout quoi il a été dressé le présent acte que ledit Loriquet a signé avec nous les jour, mois et an que dessus (1). »

Six mois plus tard, 22 brumaire an XII (14 novembre 1803), cette soumission recevait sa sanction officielle. Le grand juge et ministre de la Justice, après en avoir rappelé les trois éléments, prenait l'arrêté suivant :

« ARTICLE PREMIER. — Amnistie est accordée pour fait d'émigration à Loriquet (Jean-Nicolas).

« ART. 2. — Il rentrera en conséquence dans la jouissance de ceux de ses biens qui n'ont été ni vendus ni exceptés par l'article 18 du sénatus-consulte (2). »

Il avait fallu presque sept ans pour qu'en ces jours de singulière fraternité, une injustice fût partiellement réparée.

----

(1) *Arch. nat.*, F⁷, 6010, pièce 4.
(2) *Ibid.*, pièce 1.

CHAPITRE II

A SAINT-ACHEUL

A SAINT-ACHEUL

I

Échappé de la sorte aux mains de ses ennemis, Loriquet voulut consacrer à Dieu les jours
qui lui étaient laissés, et se livra secrètement
au ministère sacré avec l'ardeur entreprenante
qui lui était coutumière.

Heureusement il put bientôt agir plus à découvert. Comprenant que l'éducation de la jeunesse était de la plus urgente nécessité, il fonda
vaillamment à Reims, avec l'aide d'un confrère, une sorte de petit collège, et pendant
deux ans ils se dévouèrent ensemble à cette
œuvre. C'est alors qu'il apprit que quelques
prêtres zélés, dont certains avaient été ses

condisciples à Saint-Sulpice, s'étaient proposé de ressusciter la Compagnie de Jésus et, autant qu'ils le pourraient, de vivre sa vie, d'observer ses règles, de suivre ses méthodes. Il se hâta de prendre rang parmi ces braves, et avec eux il enseigna successivement à Amiens (1), Largentière et Roanne. On sait comment le gouvernement impérial s'effraya de cette ombre de l'ancienne Compagnie de Jésus et dispersa à tous les vents cette poignée d'ecclésiastiques connus sous le nom de *Pères de la Foi.*

Loriquet, qui là sans doute avait entrevu le port, se retrouvait du coup brutalement rejeté au large. L'évêque de Meaux recueillit l'épave. Mis par le prélat à la tête du petit Séminaire établi dans la ville épiscopale, le naufragé enseigna, quatre ans durant, la logique, les mathématiques et la physique, tout

(1) C'est pendant qu'il résidait dans cette maison que Napoléon y fit une courte visite. Le compliment qui lui fut lu par un élève à cette occasion avait été écrit par Loriquet.

en poursuivant avec ténacité (1) la composition de livres classiques (2).

Sur ces entrefaites, Pie VII, par une Bulle solennelle, datée du 7 août 1814, rétablissait la Compagnie de Jésus, et le P. de Clorivière recevait l'autorisation d'admettre des novices. Loriquet salua joyeusement l'acte pontifical, et dès le 30 du même mois il se faisait inscrire au nombre des candidats : il était dans sa 47ᵉ année.

Vers ce temps aussi, le pensionnat que les Pères de la Foi avaient établi à Montdidier était contraint de fermer ses portes. Ces vaillants ne renonçaient pas cependant, tant l'utilité leur en paraissait évidente, à l'œuvre capitale de l'instruction de la jeunesse. Mais comment parvenir à s'y livrer, surtout maintenant qu'ils étaient devenus Jésuites ? Était-il vraisemblable que le gouvernement d'alors leur permettrait d'ouvrir un établissement

(1) « Nous remarquions que jamais ce bon Père ne perdait une minute ». *Archives privées.*

(2) Voir dans Sommervogel, *Bibliothèque de la Compagnie de Jésus*, la liste des ouvrages qu'il publia.

libre, indépendant de cette Université fondée par Napoléon pour être entre ses mains un instrument de domination ? (1)

Par bonheur, les événements politiques, en écartant, peu après, définitivement du trône l'organisateur du monopole, semblaient aplanir d'eux-mêmes les difficultés devant eux et les inviter à se mettre à l'œuvre sans tarder.

Pendant qu'ils cherchaient les moyens de le faire avec sagesse et sans heurter de front les lois antilibérales que l'Empire léguait à la

(1) Voici, à titre de document, un mot que je trouve sous la plume de Loriquet sur l'Université : je le cite sans en garantir l'authenticité : « Un jour, écrit-il, les flatteurs de Buonaparte exaltaient à l'envi son gouvernement, ses exploits militaires, les événements les plus remarquables de son règne. L'un d'eux, après que les autres eurent épuisé leur matière, ne trouvant plus rien à célébrer, crut faire sa cour en mettant au-dessus de tout le reste la haute sagesse qui, selon lui, avait présidé à la création de l'université impériale. Buonaparte l'écouta avec dédain et dit froidement : Quand j'ai créé l'administration, l'armée, la magistrature, les finances, je voulais édifier et consolider ; quand j'ai créé l'Université, je voulais détruire. » Annales du Petit-Séminaire de Saint-Acheul, p. 9. Archives privées.

Restauration, l'évêque d'Amiens, Mgr de Mandolx, vint providentiellement à leur aide en leur proposant, sous le nom de petit séminaire, l'établissement qu'ils rêvaient. Ils y recevraient d'abord les jeunes gens qui se destinaient au sacerdoce ; ensuite, pourvu seulement qu'ils se soumissent aux exigences imposées par l'État aux élèves ecclésiastiques, ceux qui pensant plutôt à la vie laïque, sans être entièrement fixés néanmoins pour la plupart, tenaient aux bienfaits d'une éducation foncièrement chrétienne (1). Cette offre fut agréée avec d'autant plus d'empressement qu'une ordonnance royale, faisant timidement brèche dans le monopole, allait excepter les petits séminaires de la juridiction de l'Université pour les replacer sous la dépendance des évêques, leurs supérieurs naturels (2). Il

(1) Agir de la sorte, ce n'était pas violer la loi, mais l'interpréter largement peut-être, du moins selon les nécessités du moment. Sous l'Empire, d'ailleurs, on avait toléré cette manière de faire, et l'on ne saurait s'étonner que l'évêque d'Amiens et les Jésuites aient prêté la même largeur d'esprit à la Restauration. Cf. *Études*, 20 septembre 1911, article de M. Paul Dudon.

(2) Cette ordonnance est datée du 5 octobre 1814.

ne s'agissait donc plus que de trouver un local propre au but visé. Après quelques tâtonnements, on jeta les yeux sur la grande et belle abbaye de Saint-Acheul, route de Noyon, à un kilomètre d'Amiens (1).

Cette maison, appelée à devenir si fameuse sous la direction de Loriquet, avait déjà son histoire. Suivant la tradition, elle avait été bâtie sur l'emplacement d'un temple païen et d'une villa appartenant au sénateur Faustinien. Ce sénateur, qui vivait encore quand saint Firmin vint apporter dans cette contrée les lumières de l'Évangile, se convertit avec toute sa famille. Le temple des idoles devint alors le sanctuaire du vrai Dieu, sous le vocable de la sainte Vierge d'abord, puis sous celui de l'apôtre martyrisé, et enfin des saints Ache et Acheul, après la translation du corps de saint Firmin à la cathédrale.

Vers la fin du XIe siècle (1085), des chanoi-

(1) La Bibliothèque municipale d'Amiens contient, sous le n° 3823, plusieurs pièces concernant l'histoire de cette abbaye. Cf. Archives départementales de la Somme, C, liasse 1068.

nes réguliers remplacèrent l'ancien chapitre, et cinquante ans plus tard la maison de Saint-Acheul était érigée en abbaye.

Au moment de la Révolution, cette abbaye était occupée par des Génovéfains, dont la bienfaisance, s'étendant fort loin aux alentours, avait gagné le cœur de tous. C'est à ces religieux qu'on doit la reconstruction du monastère et de son église. Ces travaux étaient à peine terminés que les propriétaires furent expulsés. Saint-Acheul, devenu bien national, on sait comment, fut vendu pour quelques assignats et les profanations s'y succédèrent. Lors de la reprise du culte, l'église fut rouverte en faveur des habitants de la Neuville. Quant aux autres bâtiments, ils demeurèrent inoccupés et à la charge du fils de l'acquéreur. Il ne fut donc pas trop malaisé de s'entendre avec lui : le contrat de location fut conclu en juillet 1814, au prix de 3.400 fr.

Tout réglé de la sorte, la *Feuille d'affiches, annonces et avis divers de la ville d'Amiens* inséra, le 17 septembre 1814, les lignes suivantes :

« Nous avons la satisfaction d'apprendre à nos concitoyens que Mgr l'évêque d'Amiens vient d'ouvrir un pensionnat ecclésiastique dans la belle et vaste abbaye de Saint-Acheul, située à un quart de lieue de la ville. L'intention de ce digne prélat est de confier ce précieux établissement à une réunion d'ecclésiastiques qui ont déjà fait preuve de talents et de zèle dans la carrière d'éducation. On s'occupe actuellement de faire les dispositions nécessaires. On espère que le local sera prêt pour recevoir incessamment les élèves, et que les études commenceront au 17 octobre prochain. » (1)

Il est malaisé de s'imaginer quel émoi ces simples lignes produisirent dans l'Université. Quoi ! le monopole allait disparaître, ce monopole dont, au nom de l'égalité, quelques privilégiés vivaient si grassement et si doucement ! Quoi ! vingt-cinq ans après la prise de la Bastille, les pères de famille recouvreraient la liberté de choisir les maîtres de leurs en-

---

(1) *Arch. nat.*, F¹⁸ 63,235, pièce 11, n° 1.

fants ! Il n'y aurait plus de science d'État, de vérités d'État, d'appréciation d'État en religion, en histoire, en politique ! C'était l'abomination de la désolation !

Au moins, les défenseurs du monopole ne céderaient pas la place sans luttes courageuses.

Aussitôt, le recteur d'académie d'Amiens, M. Maussion, entre en campagne, comme il l'eût fait aux meilleurs jours de l'Empire. Le 19, il demande au préfet de la Somme d'enjoindre « au sieur Carron l'aîné, propriétaire-éditeur de *Feuille d'affiches*, de rétracter dans le plus prochain numéro, de la manière la plus claire et la plus formelle, l'annonce insérée relativement à l'ouverture d'un pensionnat ecclésiastique dans l'ancienne abbaye de Saint-Acheul (1) ».

Le lendemain, 20 septembre, il écrit à l'évêque d'Amiens :

Monseigneur, ayant lu dans *La Feuille d'affiches* de la ville d'Amiens l'annonce particulière dont je joins ici copie certifiée, et étant bien convaincu

(1) *Arch. nat.*, *ibid.*, pièce 11, n° 2.

qu'elle n'a pu être insérée de votre aveu, puisqu'elle vous mettrait en contravention formelle de l'ordonnance du roi, en date du 22 juin..., j'ai l'honneur de vous prévenir que je m'adresse (1) à l'autorité compétente pour obtenir qu'il soit enjoint au sieur Carron l'aîné... de rétracter dans son prochain numéro ce qu'il a annoncé dans son n° 5o (2).

Ce même jour, M. Maussion transmettait à Fontanes, grand maître de l'Université, la malencontreuse annonce qui troublait si fort son sommeil (3), et peu après il demandait qu'on lui traçât la ligne de conduite à tenir, d'autant qu'il prévoyait la lutte à brève échéance entre l'évêque d'Amiens et lui.

L'annonce, dit-il, a été réellement envoyée de l'évêché et il n'est pas probable qu'on la désavoue, d'autant plus qu'il est de notoriété publique que l'on dispose l'ancienne abbaye de Saint-Acheul de manière à (*sic*) ce qu'elle puisse recevoir un pensionnat nombreux. Je prie Votre Excellence de me dire ce

(1) Non, *que je me suis précédemment adressé*. On devine le but de cette petite inexactitude dans le temps du verbe.

(2) *Arch. nat., ibid.*, pièce 11, n° 3.

(3) *Ibid.*, pièce 4.

qu'il me faut faire. S'il n'y a pas désaveu, ne devrai-je pas notamment « signifier au local même l'interdit de recevoir aucun élève » (1) ?

En terminant, il attirait l'attention sur un projet dont on l'avait récemment entretenu et qu'il jugeait de nature à fournir le moyen d'étouffer tôt ou tard Saint-Acheul. Des ecclésiastiques, moins dangereux pour l'Université que ceux patronnés par l'évêque, lui avaient récemment demandé si, d'après lui, ils obtiendraient une dérogation aux lois léguées par l'Empire et seraient autorisés à ouvrir un collège dans la ville d'Amiens. Il avait cru pouvoir leur répondre qu'il le pensait. Cette concession, d'ailleurs, serait à ses yeux une manœuvre habile, « d'autant plus que le lycée ne pourrait qu'y gagner sous le rapport de l'émulation et des bons exemples ». Pour la maison projetée à Saint-Acheul, il en irait tout autrement : en la fondant, on visait avant tout à la chute du lycée (2).

(1) *Arch. nat., ibid.,* pièce 3.
(2) *Ibid.,* pièce 3.

Pourquoi ces allégations désobligeantes relativement à Saint-Acheul ; ce jugement si favorable, au contraire, sur l'autre collège projeté? On le devine sans peine. Dans les couloirs de la vieille abbaye, le recteur d'académie entrevoit l'ombre d'un jésuite. Il le sait, on le lui a répété, les maîtres qui enseigneront à quelques pas du lycée sont les fils de Loyola ; et ce nom seul épouvante.. Il ne s'agit pas de savoir si les nouveaux maîtres répandront la science autour d'eux, s'ils contribueront à grandir la France ; une seule chose prime toutes les autres : défendre le lycée, protéger le lycée, dût la liberté en souffrir, ou plutôt en mourir, et la morale avec elle.

Avec quel soin, du reste, notre recteur veille sur son lycée, prêt à tout sacrifier sans scrupules à sa conservation ! « Si sous prétexte de la préservation des mœurs, dit-il, le gouvernement juge à propos de permettre l'établissement d'une école ecclésiastique, je crois que le seul moyen de prévenir la **chute** du lycée serait d'ordonner que cette école **ne** pourrait recevoir d'élèves externes que ceux dont les parents seraient domiciliés dans la commune de Neuville-Saint-Acheul. Il faudrait encore déterminer rigoureusement l'âge des futurs élèves, défendre, par exemple, d'en accepter aucun qui n'eût atteint sa douzième année ; enfin imposer un habit spécial, la soutane et le petit collet (1). »

Enfin, comme pour s'excuser, à ses propres yeux ou à ceux de ses correspondants, de ces conseils vexatoires et tyranniques, le vigilant fonctionnaire rappelle qu'il est urgent d'entrer dans ses vues, le clergé n'enseignant plus les quatre articles de 1682 et s'affichant nettement ultramontain (2).

Il semble qu'après s'être adressé au préfet, à l'évêque, au grand maître de l'Université, le recteur d'académie pût croire avoir largement rempli son devoir de gardien fidèle du lycée, et se jugeât autorisé à déposer la plume ; il n'en fit pourtant rien. Sans perdre un moment, il écrit au procureur du roi, lui

(1) *Arch. nat., ibid.*
(2) *Arch. nat.*, F¹⁷ 63,235, pièce 3.

énumère les lois et décrets toujours debout qui faisaient de l'Université seule la dispensatrice attitrée de la science. Je suis pourtant instruit, termine-t-il, qu'à Saint-Acheul, on a bien osé empiéter sur nos privilèges. « J'ai donc recours à votre autorité, Monsieur, pour que cette école soit fermée le plus promptement possible, comme l'intérêt de l'ordre public et celui des établissements formés... par le gouvernement le réclament (1). »

Un si beau zèle n'obtint pas la récompense escomptée. La commission centrale, le grand maître de l'Université applaudirent bien à tant de bonne volonté, mais Saint-Acheul fut toléré : on se contenta d'annoncer pour l'instant que le roi se préparait « à régler par une ordonnance tout ce qui concernait les petits séminaires (2). »

C'est dans cette maison, cauchemar de plusieurs même avant sa naissance, que nous allons suivre Loriquet (3). Il y résida de 1814

(1) *Arch. nat., ibid.*, pièce 6.
(2) *Ibid.*, pièce 8.
(3) Dans sa lettre au procureur du roi, datée du

à 1828, à l'exception pourtant de trois années scolaires (1). Il y fut d'abord professeur de rhétorique et préfet des études, puis vice-recteur et enfin recteur. On peut donc bien dire, sans trop exagérer, qu'il façonna vraiment Saint-Acheul, ou du moins en fut le personnage le plus marquant.

Le petit séminaire s'ouvrit le 3 octobre 1814 (2), par la messe du Saint-Esprit, célé-

25 septembre, le recteur d'Académie donnait l'établissement comme existant dès ce moment. La passion l'eût donc aveuglé jusqu'à lui montrer une organisation scolaire là où il n'y en avait point. Cf. *Arch. nat.*, *ibid.*, p. 6.

(1) En 1821, il dirigea le collège d'Aix ; en 1822, il fit sa troisième année de probation à Montrouge, le fameux Montrouge des libéraux affolés ou se disant tels. Dans une pièce officielle (*Arch. nat.*, F¹⁵ 63,247), le nouveau recteur d'Académie d'Amiens, M. Dijon, dit que Loriquet fonda le petit séminaire de Montmorillon. C'est une exagération (cf. lettre du 19 février 1819). Il y professa seulement pendant une année.

(2) Pour écrire ces pages, je me servirai d'abord des pièces officielles émanant de l'autorité universitaire, puis d'un manuscrit inédit de Loriquet lui-même, *Annales du petit séminaire de Saint-Acheul*, manuscrit qu'il rédigea, après 1828, sur des notes prises naguère, à mesure que les événements s'étaient déroulés. L'exactitude du récit nous est garantie par deux amis de l'auteur qui le revirent avec soin. Quant à l'impartialité,

brée, en l'absence de l'évêque, par l'un de ses vicaires généraux, M. Cottu. Ce dernier commenta le texte de l'Écriture : *Dilata tentoria, fac mihi spatium ut habitem*. Il était impossible de mieux deviner et faire entrevoir les destinées futures du nouvel établissement. En fait, pendant les quatorze années d'existence de la maison, il fallut sans cesse ajouter construction à construction pour recevoir les élèves qui devenaient de jour en jour plus nombreux. Plus de cent étaient présents à cette première réunion. La fête se termina par un repas auquel avaient été conviés plusieurs amis. La joie était au cœur de tous et l'on entendit un vénérable vieillard dire allègrement aux professeurs qui l'entouraient : « Voilà cinquante-deux ans que j'ai vu bannir de leur maison vos Pères dont j'étais l'élève ; il n'est pas besoin de vous dire quelle fut alors ma douleur. Je les vois rétablis, je mour-

on ne saurait la mettre en doute, quand on entend Loriquet raconter avec simplicité le bien comme le mal.

rai content. » On se figure aisément comment ces paroles furent reçues.

Mon but n'est pas de faire par le menu l'histoire de Saint-Acheul, de montrer le nombre des élèves s'élevant jusqu'au chiffre de huit cent soixante en 1826 (1); de peindre la piété de tous (2) entretenue par d'imposantes cérémonies religieuses et la fréquentation des sacrements, par les congrégations de la Sainte-Vierge, des Saints-Anges et les visites des pauvres; de rappeler comment les maîtres éveillaient et maintenaient l'émulation par les exercices littéraires publics, les examens fréquents, les distributions de prix les plus solennelles : comment on sauvegardait la discipline

(1) D'après le recteur d'Académie d'Amiens, il eût été de 900 en 1828 (*Arch. nat.*, F¹⁷ 63,247) : il y a légère exagération. — Trois mille environ (2.944) passèrent par cette maison. Presque tous étaient Français et venaient des diverses parties du pays. Un certain nombre pourtant fut envoyé par la Belgique ; les autres contrées de l'Europe, l'Angleterre et la Hollande notamment, furent aussi représentées, mais par quelques unités seulement.

(2) Voir l'ouvrage de Loriquet : *Souvenirs de Saint-Acheul.*

surtout par les encouragements donnés à propos, les conseils amicaux, les exhortations ou les réprimandes particulières. En tout cela, bien entendu, l'action de Loriquet, préfet des études ou recteur, pour être latente et discrète, n'en fut pas moins de tous les instants : car c'était lui l'âme de ce vaste corps, et sa part fut notable, ou plutôt prépondérante, en tout ce qui se fit de bon et de beau dans cette maison. Je laisse pourtant dans l'ombre ces détails trop intimes ou de trop minime importance au regard du commun des lecteurs. Je me contenterai de suivre Loriquet dans quelques-unes de ses relations avec l'extérieur.

II

Au nombre des qualités que reconnaissaient en lui ceux qui l'avaient approché de plus près, on distingue le don qu'ils lui attribuèrent de traiter intelligemment avec les personnes du monde. « Quelque insignifiant que fût ce qu'on lui disait, il répondait toujours de manière à laisser croire à son interlocuteur que sa conversation l'intéressait. Lorsqu'on lui faisait une petite plaisanterie, il ripostait avec une finesse si aimable qu'on aurait été tenté de se croire de l'esprit en sortant d'auprès de lui. (D'ailleurs), il connaissait promptement à qui il avait affaire et ce qu'il fallait pour les visiteurs, ou s'en débarrasser aimablement et sans froisser (1). »

Une occasion imprévue ne tarda guère à se présenter pour Loriquet d'exercer cette dextérité.

Les sentiments royalistes des maîtres comme des écoliers de Saint-Acheul ne sont un mystère pour personne (2). Lors de la rentrée de

(1) *Archives privées.* — Et pourtant, dans son humilité, Loriquet écrivait à M. Rusand, le 27 février 1830 : « Je ne me sens ni goût ni talent pour les relations extérieures. »

(2) Le lecteur en trouvera peut-être les manifestations bien fréquentes dans l'histoire de Saint-Acheul ; il devra se souvenir que nous sommes sous la Restauration, et qu'alors royalisme était vraiment synonyme de loyalisme. — On comprendra d'ailleurs que les descendants des terroristes n'avaient aucun penchant à confier leurs enfants aux Jésuites.

Louis XVIII après Waterloo, ils se manifestèrent notamment avec éclat.

Le 11 juillet, lisons-nous dans les *Annales de Saint-Acheul*, l'étendard royal parut sur la tour du beffroi : salué par la ville entière, il le fut également par le petit peuple de Saint-Acheul. Tous, à l'imitation des Amiénois, prirent la cocarde blanche. Les classes de ce jour furent remplacées par la promenade. Les élèves, contre leur coutume, traversèrent la ville ; ils furent partout accueillis aux cris mille fois répétés de *Vive le Roi! Vive la Religion!*

Le soir, la garde nationale étant venue du côté de l'établissement, on sortit à sa rencontre.

Les officiers s'avancèrent (alors) vers le supérieur et l'embrassèrent, au milieu des acclamations générales... Pour compléter une journée si agréable aux élèves..., chaque professeur fut chargé de mener ses disciples voir l'illumination qui s'était faite spontanément dans toute la ville. Leur entrée dans Amiens fut accompagnée des cris de joie ordinaires. Partout sur leur passage on faisait retentir ceux de *Vivent les Bourbons! vive la Religion!* auxquels les élèves répondaient par les mêmes cris (1).

(1) *Annales de Saint-Acheul*, p. 25.

Huit jours plus tard, fête religieuse à Saint-Acheul, en actions de grâces, et le soir, grandiose illumination de la façade de la maison. Au bas d'un transparent sur lequel se détachaient les lis qu'un ange semblait couronner, on lisait les vers suivants :

La main du Tout-Puissant a détourné l'orage ;
France, revois les lis ; de l'aquilon vainqueurs,
Ils croîtront sous un ciel désormais sans nuage,
Plus beaux à tous les yeux, plus chers à tous les cœurs (1).

Dans la suite, de tels sentiments se maintinrent intacts. Or un jour, professeurs et disciples purent croire que leur attachement était dédaigné.

Le duc d'Angoulême parcourait les départements du Nord et de l'Ouest. Lorsqu'on connut à Saint-Acheul le moment de sa visite à Amiens, les élèves obtinrent d'aller à sa rencontre sur la route qu'il devait suivre. A sa vue, les environs retentirent de leurs cris enthousiastes et déjà l'un d'eux s'apprêtait à le complimenter. On comprend le désappoin-

(1) *Ibid.*, p. 27.

tement de tous et leur surprise quand ils virent la voiture du prince passer devant eux à vive allure, sans que lui-même daignât se montrer.

Le mystère s'éclaircit sans retard : Loriquet fut mandé pour le lendemain à la préfecture ; on lui laissa même entendre qu'il aurait à défendre et sa personne et sa maison, contre lesquelles de venimeuses insinuations s'étaient produites à diverses reprises dans l'entourage du noble visiteur. Loriquet se prépara vaillamment à la lutte.

Admis en présence de Son Altesse Royale, il fut accueilli « avec l'air de bonté naturel aux Bourbons » ; mais bientôt le prince, sans se départir de son calme, se plaignit de ce qu'à Saint-Acheul, on le lui avait du moins assuré, on s'étudiât sans cesse « à éluder les lois..., à échapper à la surveillance du gouvernement, enfin à élever la jeunesse d'après des maximes peu françaises (1) ».

Dès que le duc d'Angoulême a fini, Lori-

(1) *Annales de Saint-Acheul*, p. 66, année 1817-1818. Cf. *Archives nationales*, F[17] 63,247, pièces 135, 146.

quet, sans se déconcerter, sollicite la permission de s'expliquer en toute franchise et loyauté. L'ayant obtenue, il nie d'abord que lui ou ses collègues aient « jamais songé à éluder les lois ou les ordonnances » ; tout d'ailleurs, à Saint-Acheul, se fait en plein soleil, il demande donc qu'on veuille indiquer nettement quelques-unes des contraventions remarquées, quelques-uns des délits commis ; il ne comprend pas, au surplus, que les accusateurs se soient si prudemment tenus dans les généralités insaisissables ; pour lui, il ne craint pas de donner un démenti formel à de pareilles inculpations, d'affirmer hautement que dans la maison « on ne connaissait d'autres maximes que celles de la religion et de la monarchie, maximes (au reste) consignées dans les livres qu'on mettait entre les mains des élèves et spécialement dans une *Histoire de France*, écrite par celui qui avait l'honneur de parler à Son Altesse Royale (1) ». Que j'é-

(1) C'est cet ouvrage qui a surtout valu à Loriquet les attaques que l'on sait. J'en parlerai dans le chapitre suivant.

tais loin, termine Loriquet, de « m'attendre à me voir travesti en mauvais Français », en homme dangereux pour mon pays, moi qui naguère, je dois le rappeler puisqu'on m'y force, ai « subi, en qualité de royaliste et de prêtre catholique, l'exil, la prison et une accusation capitale ».

Le prince, pour toute réponse, fit lire à Loriquet les plaintes enregistrées par le ministère : « elles ne portaient que sur des allégations vagues, dénuées de preuves et déjà réfutées. » Loriquet proteste avec énergie, ajoutant qu'au reste l'erreur du ministère était tout entière imputable « à des rapports perfides par lesquels la malveillance aurait trompé sa religion ».

Le duc d'Angoulême était convaincu : il se lève, recommande la prudence et promet sa protection. « Si l'on vous inquiète, conclut-il, écrivez-moi, mais que ce ne soit point par la poste. »

Inutile de noter, et je m'en tiens à cette seule remarque, combien cette dernière parole en disait long.

III

Les visites à Saint-Acheul de la duchesse de Berry qui se montra fort gracieuse (1), du jeune duc de Rohan, plus tard archevêque de Besançon et cardinal, « qui ne donna pas moins d'édification aux élèves qu'il n'en reçut de leur part », furent sans aucun doute plus agréables au P. Loriquet que la précédente.

Quant à celle du nouvel évêque d'Amiens, Mgr de Bombelles (2), venant prier au tombeau de saint Firmin avant d'entrer dans sa ville épiscopale, elle fut toute de bonté, d'affabilité touchante et de tendre piété. Le P. Loriquet comprit que Saint-Acheul avait un ami de plus.

(1) En visitant l'un des dortoirs, la princesse, après avoir pressé un lit de la main, dit au P. Loriquet : « Vos élèves sont couchés plus mollement que moi ; ils n'ont qu'un matelas, et moi non plus, mais le mien n'est pas aussi doux, il est piqué. » *Op. cit.*, p. 354.

(2) Marc-Marie de Bombelles, évêque d'Amiens de 1819 à 1822.

On le vit mieux encore peut-être quand Sa Grandeur voulut, quelques mois plus tard, présider la distribution des prix.

Monseigneur, lui dit Loriquet, peut-être n'y a-t-il rien au monde d'aussi difficile que de louer, et de louer dignement. Jamais pourtant, je crois, cette difficulté n'a été plus réelle qu'en ce moment pour moi. Si je n'avais qu'à indiquer aujourd'hui dans un seul personnage le guerrier vaillant et actif, le négociateur habile et désintéressé, le chevalier français noble victime de sa fidélité, le chrétien fervent dans les grandeurs et courageux dans les revers, le pasteur humble et laborieux, le prélat zélé et infatigable, ma tâche serait bientôt remplie, chacun le reconnaîtrait. Mais si je voulais en outre « acquitter pleinement la dette de reconnaissance, je dis celle des élèves et plus encore celle de leurs maîtres », comment y réussirais-je? « et cette illustre assemblée me pardonnerait-elle de défigurer un éloge que le cœur peut sentir, mais qu'une voix plus puissante que la mienne aurait dû seule entreprendre? Je laisse donc à la poésie et à la musique réunies le soin de suppléer à ma faiblesse ».

Elles s'y employèrent de leur mieux.
Monseigneur répondit avec à-propos et faci-

lité : « Je regarde cette maison, dit-il en terminant, comme le plus beau fleuron de ma
couronne pontificale. Non, de tels établissements ne sont jamais assez protégés. Je vous
remercie de tout le bien que vous y faites, je
vous en remercie au nom de la religion, au
nom de la patrie (1). »

Des visites plus retentissantes et, j'ose le
dire, presque aussi cordiales, furent celles de
M. Dupin (2), le futur ministre de Louis-Phi-
lippe. On les a déjà racontées ; j'y reviens
pourtant, car j'ai quelques détails nouveaux à
mettre au jour.

Vers la fin de juillet 1825, Dupin était venu
plaider à Amiens. L'un de ses amis, M. Charles Ledru, avocat très chrétien, lui proposa un
jour d'aller ensemble visiter Saint-Acheul et
juger par ses yeux maîtres et élèves. « Qu'ai-
je besoin, répondit Dupin, de voir cette maison de dévots qui ne savent que leurs patenô-

(1) *Annales de Saint-Acheul*, p. 37, année 1820.
(2) André-Marie-Jean-Jacques Dupin, dit Dupin
l'aîné, député de Cosne.

tres? (1) — Allons-y quand même; du moins vous parlerez ensuite en homme qui pourra dire : J'ai vu. » Dupin finit par céder. L'avocat amiénois fit prévenir Loriquet du jour et de l'heure de la visite. Ils furent fidèles au rendez-vous.

Le recteur les reçut, et, après les premiers compliments, il les conduisit dans les différents quartiers de la maison, à la salle de dessin, à la bibliothèque, au cabinet de physique, etc. On entendit en passant le son de divers instruments : les élèves prenaient leurs leçons de musique. M. Dupin, avant d'avoir parcouru la moitié de l'établissement, était revenu de ses préjugés... Il parut très satisfait de tout ce qu'il vit, et après avoir pris congé, il dit à son ami : « Si j'avais un fils, il serait demain à Saint-Acheul. »

Le lendemain, dîner chez l'un des curés de la ville. Loriquet, invité, se garda bien de manquer au rendez-vous. Il profita de l'occasion pour faire connaître, surtout par le préfet des études, le système d'éducation et la discipline de la maison.

(1) *Annales de Saint-Acheul*, pp. 338 et suiv., année 1820.

Rentré à Saint-Acheul, il écrivit ce même jour à Dupin un court billet dans lequel il exprimait le désir que les élèves de Saint-Acheul et spécialement les rhétoriciens avaient de voir au milieu d'eux « le premier orateur de la première Chambre du royaume » ; en même temps il le priait de venir déjeuner à la maison en compagnie de son ami. L'invitation fut acceptée. En attendant le repas, « on leur proposa d'éprouver le savoir-faire des musiciens. L'orchestre donna une symphonie d'une exécution difficile dont il se tira très heureusement. A ce concert instrumental en succéda un autre exécuté par des voix de toute espèce..... sans le secours d'aucun instrument, et qui ne le céda en rien au premier. » M. Dupin, qui ne s'attendait sûrement à rien de semblable, se dit enchanté de tout.

Après le déjeuner plein de cordialité, le visiteur fut conduit à la salle de rhétorique. Deux des premiers élèves lurent des discours de leur composition. Dans l'un on louait l'histoire ; dans l'autre, où l'on exaltait l'éloquence, le jeune orateur avait eu l'habileté d'amener comme naturellement l'éloge le plus flatteur et le plus délicat de l'avocat fameux devant lequel il parlait. « Celui-ci, aussi touché que surpris de l'hommage inattendu que l'on rendait à ses talents », prit la parole à son tour et fit un panégyrique enthousiaste de Saint-Acheul.

Je vois, dit-il, que Saint-Acheul est justement célèbre : l'éducation qu'il vous donne ne peut avoir que d'heureux succès, parce qu'elle est fondée sur la vérité, c'est-à-dire sur la religion, hors laquelle il n'y a point de salut, parce qu'elle seule est la vérité. Oui, dit-il en terminant, comme une autre Cornélie, cette maison pourra se glorifier d'avoir de tels enfants ; elle pourra les montrer avec une égale confiance à ses amis et à ses ennemis. Pour ce qui est de moi, Messieurs, je vous remercie sincèrement de la douce satisfaction que vous m'avez procurée. Sa voix s'affaiblit en achevant ces mots et les larmes lui vinrent aux yeux. Nous les vîmes tous.

De retour à Paris, Dupin, à quelque temps de là, réunit à sa table une quinzaine de ses amis, tous libéraux (1). On savait qu'il venait d'Amiens. Quolibets, plaisanteries, sarcasmes se succèdent donc avec

(1) Ce terme avait alors un sens défavorable et était synonyme d'ennemi de l'Eglise.

entrain. Dupin laisse passer l'avalanche. A moi la parole, dit-il à la fin. Messieurs, j'ai partagé vos préventions, j'ai raillé, j'ai persiflé comme vous ce que je ne connaissais pas mieux que vous. Aujourd'hui, c'est autre chose, j'y ai été, j'ai vu et je suis vaincu. Allez-y à votre tour, voyez ce qu'on y fait et vous serez aussi vaincus. Pour moi, je l'ai dit et je le répète, si j'avais un fils, il serait élève de Saint-Acheul (1).

C'est de la bouche du jeune avocat d'Amiens, présent au repas, que les Jésuites apprirent ces détails dans la suite.

Dupin, d'ailleurs, n'oublia pas ses nouveaux amis ; il resta, par exemple, en rapports épistolaires avec le P. Loriquet. Il lui fit même hommage de certains de ses ouvrages de jurisprudence, au frontispice desquels on lisait des témoignages particuliers d'estime et d'affection écrits et signés de sa main.

Un an s'était écoulé depuis sa première visite, lorsqu'une circonstance imprévue le ramène à Amiens. Au souvenir de l'accueil qu'il avait précédemment reçu, il s'empresse

(1) *Op. cit.*, p. 340.

de faire visite à Loriquet, et celui-ci, toujours
gracieux, le prie de venir dîner avec la com-
munauté le jour du Sacré-Cœur. L'invitation
fut agréée. Ce jour-là, 2 juin 1826, avait lieu
dans l'établissement la procession du saint
Sacrement. Dupin, après avoir pieusement
assisté aux vêpres, accepta de tenir l'un des
cordons du dais. Il put donc aisément voir se
déployer en ordre parfait les huit cent soixante
élèves, tous portant des oriflammes,

Un clergé nombreux revêtu des plus riches orne-
ments, une centaine d'enfants de chœur aussi remarquables par leur modestie que par la religieuse élé-
gance de leur costume.... Il entendit tour à tour les
chants d'un chœur nombreux et les accents d'une
musique guerrière. La procession se faisait à l'intérieur de Saint-Acheul. On traversait des bosquets
fleuris, on défilait sous de longues allées couvertes
en berceaux, à l'extrémité desquelles apparaissaient
dans le lointain des reposoirs que le goût et la piété
avaient ornés et sur lesquels le soleil couchant venait
réfléchir ses rayons.

Dupin, émerveillé, avoua, la cérémonie terminée, qu'il « n'avait jamais rien vu qui pût

être comparé ». Le lendemain matin, partant pour Paris, dans un billet adressé au P. Loriquet, il disait « entre autres choses qu'il emportait avec lui le souvenir des plus douces émotions qu'il eût éprouvées de sa vie (1) ».

Hélas! ces émotions furent bientôt oubliées ou du moins foulées aux pieds. L'ambitieux avocat n'eut pas, cette fois, le courage de l'année précédente : il voulait être député, et pour cela il lui fallait l'appui des libéraux. Ceux-ci le lui rappelèrent durement. Ils commencèrent par s'élever en chœur contre lui, le traitant de transfuge, de cagot, de jésuite. Les pamphlets en vers et en prose, les épigrammes, les satires tombèrent de toutes parts sur lui. Au lieu de dédaigner ces attaques ou de les braver, au lieu de soutenir hautement sa conduite antérieure, de réclamer noblement l'indépendance et la liberté, il descendit aux excuses et aux explications.

Tant de faiblesse, indigne d'un caractère viril, ne fit qu'encourager ses adversaires : les

(2) *Op. cit.*, pp. 428 et suiv., année 1826.

attaques n'en continuèrent que plus audacieusement jusqu'au jour où le pauvre homme en vint à signer la trop fameuse *Dénonciation* de Montlosier contre le parti-prêtre. A ce trait, les ennemis de la Compagnie de Jésus reconnurent sans doute un des leurs : ils lui rouvrirent effectivement leurs rangs. Par contre, tout commerce cessa entre Loriquet et lui.

III

Tous en France, par bonheur, ne montrèrent pas semblable inconstance, pareille versatilité, et le recteur de Saint-Acheul fut heureux de montrer, l'année suivante, à ses élèves, un vrai modèle d'héroïque fidélité.

Le 26 juillet 1827, le comte de Sèze, le courageux défenseur de Louis XVI, et alors premier président de la Cour suprême du royaume, vint visiter Saint-Acheul.

Loriquet l'accueillit avec sa distinction ordinaire, et, après les compliments d'usage, le conduisit á la salle de réception. On la trouva remplie de la foule des huit cents élèves et de plusieurs étrangers de marque attirés par le désir d'honorer un homme si justement célèbre. On devine si l'illustre magistrat fut salué par des salves d'applaudissements et des cris redoublés de : *Vive le Roi! Vive de Sèze!* Dès qu'il eut pris place au fauteuil qui lui était destiné et qu'on eut exécuté une symphonie conforme à la circonstance, un élève debout, au fond de la scène, près d'un portrait de Louis XVI se détachant en pleine lumière, interpréta « avec une grâce infinie et un attendrissement touchant » la strophe si connue :

> O Richard, ô mon roi,
> L'univers t'abandonne;
> Sur terre, il n'est donc que moi
> Qui m'intéresse à ta personne.

De Sèze revivait en ce moment le terrible drame de janvier 1793. Il ne put retenir ses larmes et se mit à sangloter.

Après un intermède littéraire, on chanta au

noble magistrat des strophes dont je transcris la dernière :

> Couronnant la fidélité,
> Avec le nom de Louis Seize,
> L'histoire à l'immortalité
> A transmis le nom de de Sèze.
> Enfants de l'honneur, de la foi,
> Jurons d'imiter sa constance :
> Toujours à Dieu, toujours au roi,
> Toujours aux Bourbons, à la France.

Le vénérable vieillard termina la séance par une fine improvisation que l'émotion lui permit à peine de prononcer. Il félicita les élèves de l'éducation qu'ils recevaient et les exhorta à s'en montrer toujours dignes, à ne jamais oublier leurs maîtres et les leçons qu'ils en avaient reçues. Moi aussi, termina-t-il, je fus naguère l'élève des Jésuites, et aujourd'hui encore je m'en félicite. Sur ces mots, il se rassied. Le P. Loriquet se penche alors doucement vers lui et dit en souriant : Ah! Monsieur le comte, si vous avez été l'élève des Jésuites, « il faut avouer que vous avez bien mal profité de votre éducation. — Comment cela? demanda M. de Sèze un peu surpris.

— C'est, reprit son interlocuteur, que les Jésuites, comme chacun sait, vous avaient enseigné à tuer les rois et que, tout au contraire, vous les avez défendus au péril de votre vie (1). »

Les fêtes de toutes sortes, on le voit, mais instructives et élevantes, étaient fréquentes à Saint-Acheul ; les ennuis pour Loriquet l'étaient plus encore, ainsi que les attaques contre sa personne et son œuvre, attaques de l'extérieur, bien entendu, tracasseries du dehors, non du petit peuple qu'il gouvernait avec autant de fermeté et de succès que d'indulgence et d'habileté.

(1) *Annales de Saint-Acheul*, p. 520, année 1826-1827. — On sait que c'était l'une des accusations les plus ordinaires contre les Jésuites sous l'ancien régime. Actuellement, on les accuserait plutôt de vouloir assassiner les présidents de république ; ce serait tout aussi vrai ; mais qu'importe, au surplus, pourvu qu'on accuse. — M. de Sèze, de retour à Paris, écrivait à propos de cette visite : « Les excellentes gens que ceux que nous avons vus l'autre jour !... Que de vertus, que de courage, que de patience, que de bonté, et que d'esprit et de grâce dans cette bonté ! » Evidemment la plus large part de ces éloges allait à Loriquet.

IV

L'établissement de Saint-Acheul n'était pas encore debout que déjà l'on songeait à le renverser.

On venait de louer la vieille abbaye et l'on travaillait tranquillement aux modifications et aménagements nécessaires. Un jour, alors que nul n'y songeait, un commissaire de police apparaît tout à coup, envoyé par le procureur d'Amiens : au nom de la loi, il doit vérifier l'état des lieux. Effectivement, il se met immédiatement à l'œuvre et ne se retire qu'après avoir dressé un minutieux et copieux procès-verbal. Que contenait cette pièce et quelles conclusions en tirerait l'autorité ? Mystère ! On jugea donc prudent d'interrompre les travaux en cours et l'on se demandait non sans anxiété si l'on pourrait les continuer, quand parut l'ordonnance royale permettant aux évêques d'ériger des petits séminaires dans leurs diocèses. Le nuage était dissipé (1).

Mais voilà que le danger se montre tout à coup d'un autre côté. Napoléon, « soutenu par une vaste conspiration », pour parler comme Loriquet, était redevenu maître de la France. Saint-Acheul avait beaucoup à craindre.

En tout cas, Napoléon exigeait le serment de fidélité à sa personne et à ses institutions de tous ceux qui exerçaient quelques fonctions publiques, comme des personnes d'opinion suspecte. Or, directeurs et professeurs de Saint-Acheul se trouvaient tous nommément classés dans cette dernière catégorie et partant astreints au serment. Tous pareillement étaient décidés à le refuser (2). Du coup, la maison s'écrou-

(1) *Annales du petit séminaire de Saint-Acheul*, p. 10, année 1814. — La surveillance des autorités universitaires n'en resta pas moins active. Cf. lettre (7 novembre 1814) de la Commission d'instruction publique au recteur d'Académie d'Amiens. *Arch. nat.*, F¹⁷ 63.235.

(2) A Montmorillon aussi, tous étaient résolus à faire de même, nous affirme l'historien de cette maison, M. de Moussac, « bel exemple, conclut-il, de la dissimulation tant reprochée aux Jésuites ». *Un prêtre d'autrefois*, p. 429.

lait lourdement. On eut recours à la prière et l'on peut croire que les supplications des condamnés furent entendues de Dieu. Les ordres qui regardaient Saint-Acheul, en effet, demeurèrent, on ne sait comment, enfouis à la préfecture sous les paperasses qui s'y accumulaient, en sorte que les autorités impériales se figurèrent qu'à Saint-Acheul on était en règle (1). Cette persuasion sauva l'établissement.

Une boutade d'élève lui valut, l'année suivante (1816), une nouvelle mais légère secousse. Dans un exercice littéraire public, l'un de ceux qui remplissaient un rôle eut je ne sais quelle occasion de parler des régicides qu'une loi venait de proscrire (2). On devrait bien à leur égard, dit-il, imiter Carrier et les noyer en pleine mer. Ce propos inconsidéré souleva des plaintes amères même dans les

(1) *Ibid.*, p. 22.
(2) Il s'agit de la loi du 12 janvier 1816 : elle condamnait à l'exil ceux des régicides qui, pendant les Cent-Jours, avaient servi Napoléon. — Voir *Les Conventionnels Régicides*, ch. VIII. Paris, Perrin.

rangs de ceux qui doucereusement excusaient le bourreau de Nantes. L'affaire alla jusqu'au ministre. Une enquête se fit, et le manuscrit dut être présenté. Ce fut le salut : on constata que la phrase justement incriminée ne s'y trouvait point. La téméraire saillie avait été maladroitement improvisée sur place. On se contenta d'exiger le renvoi de l'imprudent élève ; ce qui fut accordé, et le calme se rétablit.

Cette même année 1816, Loriquet eut à repousser un autre assaut plus dangereux pour Saint-Acheul.

Les adversaires des Jésuites, toujours aux aguets, apprirent qu'on laissait circuler parmi les élèves un ouvrage récent, *Les Précurseurs de l'Antéchrist*, dans lequel on dévoilait sans ménagements les trames ourdies contre le catholicisme et l'on démasquait les hommes de la Révolution, même « l'illustre guerrier qui en avait recueilli l'héritage ». L'auteur était un prêtre « connu par sa vie sainte et mortifiée, son zèle, les services rendus à l'Église, les persécutions subies pour la cause de Dieu ». Loriquet, rassuré par tout cela, avait permis aux élèves l'acquisition et la lecture de cet ouvrage, qu'il connaissait seulement par les bons témoignages qu'on lui en avait rendus. Il lui semblait impossible qu'on trouvât là matière à récrimination. Il se trompait.

Bientôt, en effet, le ministère était informé, et une lettre pressante enjoignait aux vicaires généraux, le siège épiscopal étant vacant (1), de commencer une enquête approfondie et d'en transmettre le résultat à Paris. Cette lettre était à peine parvenue à destination que le proviseur du collège royal d'Amiens, de lui-même et par un procédé d'une rare délicatesse, crut pouvoir prévenir Loriquet de la visite décidée pour le lendemain.

D'un coup d'œil le supérieur de l'établissement menacé voit le péril et aussi le salut. Il avait entre les mains le sort de la maison; pourquoi ne conjurerait-il pas le danger qui la menaçait, puisqu'il en était temps encore et que rien ne le lui interdisait? A l'instant donc,

---

(1) Mgr Jean-François de Mandolx, évêque d'Amiens depuis 1805, venait de mourir.

sans en dire le motif, il demande aux élèves de lui remettre l'ouvrage incriminé. L'esprit de soumission de ces jeunes gens était si parfait qu'au bout d'une heure tous les exemplaires, quatre-vingts environ, étaient dans le cabinet du supérieur, et incontinent expédiés aux familles des possesseurs. L'imprudence involontairement commise était réparée.

Aussi lorsque les délégués du ministre se présentèrent à Saint-Acheul, Loriquet put-il, en toute vérité, répondre à la sommation transmise, que pas un seul exemplaire des *Précurseurs de l'Antéchrist* ne se trouvait à la disposition des élèves, comme il était d'ailleurs facile de s'en convaincre; qu'au surplus, il ne comprenait pas cette levée de boucliers contre un ouvrage « annoncé avec éloge dans les journaux autorisés par le gouvernement et sans que les évêques, dépositaires des saines doctrines, eussent élevé la moindre réclamation contre celle de l'auteur (1) ».

(1) *Annales de Saint-Acheul,* pp. 57 et suiv., années 1816-1817.

Le moyen de répliquer à des affirmations si nettes et si fondées, le ministre, non plus que les adversaires de Loriquet ne purent le trouver et se turent, bien décidés toutefois à ne point déposer les armes et plus acharnés que jamais. Heureusement, l'habile supérieur veillait, s'ingéniant à ôter toute prise à la malveillance (1).

Deux ans plus tard, nouvel assaut.

En dépit de toutes les tracasseries, qu'on multipliait ainsi, Saint-Acheul grandissait, il fallait l'exterminer à tout prix et sans retard. Les circonstances étaient d'autant plus favorables que le ministre de l'intérieur, M. Lainé, semblait « très disposé à saisir l'occasion de renverser une maison ennemie », du moins tenue pour telle par lui, on ne sait trop pourquoi.

Le 18 décembre 1818, à 8 heures du soir, le P. Loriquet reçut de Paris un avis secret l'informant que dès le lendemain allait se dérouler la première phase d'une bataille

(1) Rapport du recteur d'Académie, 1819-1820. *Arch. nat.*, F¹⁷ 63,235.

dont le résultat, si elle était défavorable à Saint-Acheul, serait l'anéantissement immédiat de l'établissement.

Les efforts de l'adversaire devaient se concentrer sur un point spécial, bien délimité, et cette position une fois enlevée, l'ennemi avait accès facile au cœur de la place.

Devant le nombre toujours grossissant de leurs écoliers, les Jésuites s'étaient vus contraints d'utiliser une maison, Saint-Joseph du Blamont, située à un kilomètre environ de Saint-Acheul, et d'en faire une sorte de succursale, mais succursale dépendant pour tout absolument de l'établissement principal et vivant de sa vie. Depuis trois ans, pour plus de commodité, presque tous les élèves ecclésiastiques s'y trouvaient réunis, et même, afin d'épargner aux petits un trajet pénible, surtout aux jours d'hiver, on y avait récemment organisé pour eux les classes de cinquième, quatrième et troisième, tandis que les mêmes classes se faisaient à Saint-Acheul pour les élèves laïques. Quant aux cours supérieurs, ils continuaient à Saint-Acheul pour tous indistinctement (1). Cette organisation, si peu compromettante pourtant, fournit aux adversaires la base de leurs accusations et le prétexte de leur attaque. Il y a deux maisons bien séparées, affirmaient-ils, deux établissements très différents (2) : un petit séminaire et un collège libre pour les laïques ; ce qui leur paraissait une flagrante violation de la loi. On fit donc signifier par le préfet, M. d'Allonville, aux vicaires généraux d'Amiens, d'avoir à licencier Saint-Acheul et à ne garder que le Blamont. Le préfet voulait même une obéissance immédiate ; mais Loriquet et ses amis lui firent remarquer qu'en l'exigeant, il outrepassait ses instructions. Et, en effet, après lecture des lettres du ministre, le trop zélé fonctionnaire fut contraint de reconnaître qu'une pareille hâte ne lui était point demandée (3).

(1) M. Clarigny se trompe en affirmant le contraire. Voir *La liberté de penser*, I, p. 176.

(2) Dans une lettre du 12 novembre 1816, l'évêque d'Amiens affirmait nettement le contraire. Cf. *Arch. nat.*, F¹⁷ 63,247, pièce 150.

(3) Rapport du préfet de la Somme, 10 février 1819. *Arch. nat.*, F¹⁷ 63,247, pièce 136.

D'ailleurs, continuaient les défenseurs de Saint-Acheul, cette fermeture que vous voulez nous imposer, elle nous est pour l'instant tout à fait impossible : aucune de nos maisons ne pouvant contenir tous nos séminaristes (1). Songez encore, Monsieur, ajoutaient-ils, que ces derniers, pauvres et sans ressources presque tous, ne vivent que grâce à la pension des élèves plus riches. Nous enlever ceux-ci c'est anéantir le petit séminaire : ce qui, certes, n'est pas conforme à la loi, et n'entre point dans les intentions de Sa Majesté (2).

Les interlocuteurs du préfet terminaient en affirmant qu'en fait et bien véritablement il n'y avait qu'un seul établissement en deux maisons distinctes, comme ils se faisaient fort de le prouver.

Ils avaient raison, semble-t-il. Pourtant, on doit le reconnaître, sur ce dernier point l'allégation contraire des adversaires de Saint-

(1) Cf. *Ibid.*, pièce 141.
(2) Lettre du recteur d'Académie, 8 décembre 1818. *Arch. nat.*, F¹⁷ 63,247, pièce 142.

Acheul n'était pas sans quelque apparence. Loriquet n'eut pas de peine à le remarquer : la forteresse qu'il devait défendre avait un côté faible (1). Son plan fut organisé à l'instant pour parer au danger. Il eût pu, il est vrai, attendre l'assaillant de pied ferme dans la position où il se tenait, car légalement il était inattaquable (2) ; il préféra, par une dislocation restreinte, fondre ensemble le Blamont et Saint-Acheul, de façon à n'en former qu'un tout, même au jugement des plus prévenus. Quelques heures lui restaient pour mener à bien les changements indispensables, car « il venait de recevoir l'invitation de se rendre à l'évêché le lendemain pour une affaire importante ». Cette affaire importante, il devinait, sans qu'on le lui dît, ce qu'elle était.

(1) Aussi reconnut-il sans détours, quelques jours plus tard, devant les autorités universitaires, le changement que, par amour de la paix, il avait fait dans l'organisation de sa maison.

(2) Cf. lettre du recteur d'Académie à la Commission de l'instruction publique, 16 février 1819. *Ibid.*, 63,247, pièce 143.

Il n'y avait donc pas un moment à perdre pour ôter tout prétexte à chicane, tout semblant d'illégalité.

« Après avoir recommandé l'affaire à Notre-Seigneur et à la sainte Vierge », on se mit immédiatement à l'œuvre, et vraiment nul ne saurait de bonne foi blâmer Loriquet d'avoir, par sa présence d'esprit, coupé court à des attaques injustifiées, éventé la mine qu'on creusait artificieusement sous ses pas (1).

Déjà chacun est au poste qui lui est assigné. Quinze lits restaient libres à Saint-Acheul, on court au Blamont réveiller quinze élèves pour les faire passer la nuit dans la maison principale. Le lendemain matin, les autres élèves ecclésiastiques reviennent à Saint-Acheul et cèdent le Blamont aux enfants des classes inférieures. Pendant ce temps, des chariots, commandés la veille au soir, transportaient avant l'aube, d'une maison à l'autre, les effets

(1) C'est ce que firent pourtant certains tenants-acharnés du monopole. Cf. Clarigny, *op. cit.*, 177. Ils trouvent tout naturel qu'on lutte pour entraver la liberté des pères de famille, mais non pour la leur donner.

des transplantés. Tout se fit avec ordre, régularité et précision, en sorte que dans la matinée l'opération était terminée. A Saint-Acheul, les classes eurent lieu comme à l'ordinaire ; à Saint-Joseph de Blamont, on donna congé et promenade aux petits, un peu ahuris de leur soudain déménagement, pour leur adoucir les premiers instants de l'exil.

Cependant Loriquet, arrivé à l'évêché (1), entendait de la bouche des vicaires généraux les exigences et les menaces des ministres. Nous savons qu'en toute vérité il pouvait répondre, et il le fit, qu'il dirigeait un seul et unique établissement, matériellement réparti en deux maisons, mais n'en formant pas moins, sous une même direction, un cours d'études complet, suivi : ici les classes inférieures, là les classes supérieures. Aussi bien,

(1) Cette entrevue eut lieu à la fin de décembre 1818 ; il y a donc interprétation large, ou, si l'on veut, légère exagération, lorsque les défenseurs de Loriquet affirment, en février 1819, que la modification dont je viens de parler était faite depuis trois mois. — On devinera pourquoi j'ai voulu signaler cette petite inexactitude.

n'est-ce pas ce qu'on voyait ailleurs, ce qu'on tolérait en maints endroits ?

Ce fut en ce sens que les vicaires généraux écrivirent à Paris. Ils disaient encore, sous l'inspiration du P. Loriquet :

Que la plupart des jeunes clercs étaient à la charge de l'établissement, de sorte que, sans les économies faites sur la pension des élèves payants, il serait impossible de procurer aux premiers l'instruction et l'éducation ecclésiastiques ; que garder uniquement les élèves déjà décidés pour le sacerdoce, serait se priver de l'avantage offert par l'ordonnance royale du 5 octobre 1814, laquelle autorise les évêques à faire instruire, dès l'enfance, des jeunes gens qui puissent entrer avec fruit dans les grands séminaires ; que l'intention du roi était sans doute qu'on insinuât de bonne heure les vertus ecclésiastiques à ces enfants, dont la vocation est encore ignorée... Enfin ils invoquaient l'article 38 des lois organiques, conformes en ce point aux lois canoniques, qui défend aux vicaires généraux de se permettre, pendant la vacance du siège (1), aucune innovation.

Le ministre répondit aux défenseurs de

(1) Cette vacance dura jusqu'en 1819.

Loriquet qu'il les dispensait volontiers de la loi organique invoquée par eux (1); qu'ils étaient partant libres d'agir sans retard et qu'il les en pressait.

Sur ces entrefaites, Lainé était remplacé par Decazes. Le préfet de la Somme crut faire sa cour à son nouveau chef, qu'il pensait devoir suivre la voie de son prédécesseur, en s'employant à hâter la conclusion de cette affaire.

Heureusement pour Saint-Acheul, les vicaires généraux marchaient à moins vive allure : ils annoncèrent qu'ils voulaient, avant de terminer, en écrire au nouveau ministre.

A Paris, on agissait aussi sur ce dernier, notamment par quelques membres de sa famille. On lui faisait entendre, par exemple, « qu'il n'était ni de son honneur ni de son intérêt de poursuivre l'exécution d'une mesure vexatoire prise par un homme..... dont il devait au contraire s'empresser de réparer

(1) Le recteur d'Académie d'Amiens ne voyait en cette difficulté qu'une « objection frivole ». *Arch. nat.*, F¹⁷ 63,247, pièce 138.

les injustices. » Decazes écoutait avec bienveillance, mais pourtant ne prenait ouvertement position ni pour ni contre les Jésuites.
Le préfet en profitait pour pousser vigoureusement la campagne, bientôt d'ailleurs excité
par le ministre lui-même et la commission de
l'instruction publique (1).

Les vicaires généraux, de leur côté, soute-
naient Loriquet et ses frères avec autant de
constance que d'habileté.

Le seul point en litige, expliquaient-ils,
est de savoir si la loi est réellement violée.
Nous prétendons que non. — Pourtant, ripostait d'Allonvile, la majorité des élèves ne se
destinent pas à l'état ecclésiastique : tant de
nobles (2) qu'on trouve dans leurs rangs n'y
ont sans aucun doute jamais songé. — Par-

(1) Cf. Rapport du 16 février 1819. *Arch. nat.*,
F¹⁷ 63,247, pièce 143.

(2) On a exagéré leur nombre. Sur les 2.944 noms qui
nous ont été conservés, 818 seulement sont précédés de
la particule, et encore parmi ces 818, on comptait plusieurs Belges. En tous cas, il est faux que Loriquet eût
« dans sa maison les fils de tous les hommes qui jouaient
un rôle à la cour, dans le monde et dans la politique »,
comme l'affirme M. Clarigny. *Op. cit.*, p. 196.

don, Monsieur, nous affirmons que sur les quatre cent soixante-quatorze élèves actuellement présents, plus de deux cents se sont ouvertement déclarés pour le sacerdoce; que pour plusieurs autres, rien n'est encore définitivement arrêté ni dans un sens ni dans l'autre; qu'en tout cas « il n'appartenait à personne de sonder les cœurs sur leurs dispositions futures ». Pour ce qui est des nobles au moins, nous ne comprenons guère, Monsieur le préfet, vos assertions et vos pronostics. Auriez-vous donc oublié « par qui étaient occupés la plupart des sièges épiscopaux? N'avez-vous pas (d'ailleurs) vous-même penché vers le sacerdoce », et sans la Révolution qui vous a chassé comme tant d'autres du séminaire, « au lieu de l'hôtel de la préfecture, n'habiteriez-vous pas peut-être le palais épiscopal d'Amiens? »

D'Allonville, déconcerté un moment par une argumentation à laquelle il avait maladroitement prêté le flanc, n'en persista pas moins dans son hostilité, et croyant embarrasser ses adversaires, il demanda pour le

5 février suivant (1819) « la double liste des élèves ecclésiastiques et des élèves laïques au-dessus de quinze ans ».

Cette exigence fut communiquée à Loriquet et par lui aux élèves de Saint-Acheul. La parole était à ces derniers. Loriquet et ses collaborateurs les mirent impartialement au courant de l'affaire, puis les abandonnèrent à eux-mêmes. Leur réponse fut précise. Au lieu des deux listes exigées, ils en présentèrent trois : la première comprenait 160 noms d'élèves se disant entièrement décidés pour l'état ecclésiastique; la deuxième, 14 seulement résolus à entrer dans le monde; dans la troisième 80 s'avouaient encore indécis, mais tout prêts à suivre leur vocation, quand la volonté de Dieu se serait clairement manifestée.

Avant de remettre ces listes au préfet de la Somme, dans la crainte qu'il vît en tout cela « une comédie concertée » entre maîtres et disciples, Loriquet adressa aux parents des quatre-vingts indécis une circulaire où il les priait, vu certaines circonstances impérieuses, de déclarer s'ils consentiraient oui ou non

« à voir leurs enfants entrer dans l'état ecclésiastique », au cas où Dieu les y appellerait. Presque tous répondirent affirmativement.

Cependant le préfet annonce sa visite officielle dans l'établissement persécuté. De fait, il arrive presque aussitôt à Saint-Joseph du Blamont, accompagné non des vicaires généraux qui s'étaient crânement refusés à cette démarche tenue par eux pour vexatoire, mais du recteur d'Académie d'Amiens. J'emprunte quelques détails sur cette visite au rapport qu'en fit aussitôt le P. Loriquet à son supérieur régulier ; rapport, du reste, que je complète à l'occasion, par les pièces universitaires.

M. le comte d'Allonville, écrit-il, après nous avoir dit un mot de la peine qu'il éprouvait de ne pas voir les vicaires généraux (en ce moment près de lui) (1), se plaignit de ce qu'il appelait le *clabaudage* de la ville, ajoutant qu'il serait contraint, si cela ne cessait, d'en référer au ministre : c'était assez faire entendre qu'il nous en croyait les auteurs. Nous lui protestâmes, comme il était vrai, que nous étions fort

(1) Cf. lettre du recteur d'Académie, 16 février 1819. *Arch. nat.*, F¹⁷ 63,247, pièce 143.

innocents de tout ce tapage ; et là-dessus nous lui citâmes le fait d'un de nos élèves à qui une personne attachée à la préfecture avait dit que la détermination de M. le préfet était toujours d'opérer la dissolution de Saint-Acheul et la défense faite par nous à l'élève de répandre ce propos parmi ses condisciples.

Après ce préambule...., nous lûmes ensemble la dernière lettre du ministre. Il s'agissait de voir : 1º si notre établissement était une seule et même institution ; 2º si cette institution était ecclésiastique ; 3º si dans le régime il y avait des abus à réformer.

Sur le premier point il demanda quelles classes il y avait au Blamont. La réponse fut courte et précise : *Les classes élémentaires.* (Après une visite de toute la maison) le premier point se trouva déjà décidé : M. le recteur d'Académie fit hautement l'aveu qu'il était impossible de ne pas voir une seule institution là où il n'y avait qu'un seul cours d'études, un seul régime, un seul supérieur (1)...

(1) « Il est constant qu'il n'existe qu'une seule institution, si, comme on ne peut le révoquer en doute, c'est l'unité d'administration, de régime et d'études qui constitue l'unité d'établissement... (Ici), c'est le local et non l'institution qui est double. » Le recteur d'Académie à la Commission de l'instruction publique, 16 février 1819. *Arch. nat.*, F¹⁷ 63,247 ; Rapport du préfet, 10 février 1819, *ibid.*, pièce 136. — M. Dijon eût pu ajouter qu'il y aurait vraiment injustice de sa part à prétendre que deux divisions logées à 700 ou 800 mètres l'une de l'autre

Pour ce qui est du second point, le préfet avait les trois listes (je lui fis remarquer les chiffres de chacune et) conclus que s'il y avait en France un établissement qui méritât le nom de petit séminaire, c'était bien le nôtre. Le préfet ne se souciait pas d'avouer la conséquence. « Ce n'est point sans doute, se répétait-il à lui-même, pour remplir cette vocation qu'on a placé à Saint-Acheul des jeunes gens appartenant la plupart aux premières familles de province et plusieurs même aux premières maisons de France; ce n'est point pour se préparer au sacerdoce que ces jeunes gens y reçoivent des leçons de mathématiques, de physique, de dessin, de musique et d'escrime; qu'enfin ils y jouissent d'une liberté tout à fait incompatible avec les règles d'une véritable école ecclésiasque (1). »

Je suppose que Loriquet, en entendant ces réflexions, fut tenté de répondre qu'il savait, grâce à Dieu, ce qui convenait ou non à la formation cléricale. Il se tut pourtant, se

ne pouvaient faire un seul établissement, alors que deux maisons, dont l'une était à Liesse et l'autre à Soissons, étaient tenues par lui, comme par le ministre, pour un seul et même petit séminaire. Rapport sur les écoles ecclésiastiques de l'Académie. *Ibid.*, 63,235.

(1) *Ibid.*, 63,247, décembre 1816.

contentant de remarquer qu'en tout cela
Saint-Acheul ne différait pas notablement
des autres petits séminaires, qu'on laissait
néanmoins parfaitement en paix.

Le troisième point fut à peine entamé. M. d'Allonville, continue Loriquet, ne nous parla que
du costume ecclésiatique..... Nous étions dans
la salle d'étude ; je fis approcher un élève, le préfet
le considéra de la tête aux pieds, et confessa franchement qu'il n'y manquait rien. Il ajouta même que
l'établissement avait toutes les formes d'un petit
séminaire. *Et le fond encore plus*, repris-je aussitôt.

Ce qui du moins paraît incontestable, je le
remarque à la hâte, c'est qu'à Saint-Acheul
on observait plus strictement que partout
ailleurs les prescriptions gouvernementales.
Relativement au port du costume ecclésiastique, par exemple, nous venons d'entendre la
parole du préfet. « Ces Messieurs, dit à son
tour le recteur d'Académie d'Amiens, ont satisfait à l'article de l'ordonnance qui prescrit aux
élèves des petits séminaires de prendre l'habit

ecclésiastique au bout de deux ans (1). »
Dans les établissements similaires, par contre,
on n'en faisait rien. C'est ce que nous
affirme une pièce officielle (2).

La visite continua sans incidents sérieux.

Avant de nous quitter, termine Loriquet, M. d'Allonville revint au rapport qu'il allait envoyer à Paris.
J'en pris occasion de lui faire observer que si précédemment il avait cru pouvoir conclure contre nous,
maintenant il était de sa justice et de son impartialité de conclure en notre faveur. — Je mettrai, dit-il,
tous les faits bien exactement et en conscience. —
Nous attendons quelque chose de plus, répliquai-je ;
il est digne de vous de nous rendre pleine justice et
d'effacer entièrement les fâcheuses impressions
données au ministère sur un établissement le plus
légal qui fut jamais. Enfin, ajoutai-je, Monsieur le
préfet, rien ne pourra empêcher Amiens, le département, la France entière de croire que de votre

(1) A la Commission de l'instruction publique. *Arch.
nat.*, F¹⁷ 63,247, pièce 141.
(2) Réponses des recteurs d'Académie ; *ibid.*, pièce 239.
— A Bordeaux, par exemple, 20 élèves seulement portaient le costume ecclésiastique. Voir Jos. Burnichon :
La Compagnie de Jésus en France, I, 228.

rapport et de votre seul rapport dépend l'issue
de cette affaire.

Là-dessus on se quitta.

Loriquet termine en notant qu'à ses yeux
tout danger n'a pas disparu et qu'il faut continuer de prier avec ferveur.

Il rend aussi justice à la parfaite tenue des
élèves qui, pour ne pas gâter la cause de leurs
maîtres, s'abstinrent, non sans difficulté, de
récriminations publiques contre l'autorité (1).

Les habitants d'Amiens n'imitèrent pas cette
réserve. A sa rentrée en ville, d'Allonville fut
sifflé, insulté par la population furieuse. Dans
les salons même qu'il fréquentait on ne l'é-
pargna pas non plus, et à maintes reprises il
lui fallut dévorer des affronts, entendre des
allusions mortifiantes, repousser des assauts
vigoureux.

Éclairé, assagi de tant de façons, il rédigea

(1) L'un d'eux voulait, par exemple, faire remarquer
publiquement au préfet que son acharnement contre
un petit séminaire ne paraissait guère digne d'un ancien
séminariste.

péniblement un rapport qui n'était pas défavorable à Saint-Acheul (1).

On y lisait entre autres choses élogieuses :

> Les élèves des deux maisons sont bien soignés et bien nourris, et il règne dans les dortoirs et dans toutes les parties de l'établissement un grand air de salubrité et de propreté... Enfin toutes les précautions paraissent prises pour la surveillance et la garantie des mœurs.

> Quant aux points en litige, il affirmait qu'il n'y avait bien réellement qu'un seul établissement dans lequel, il est vrai, la majorité des élèves ne se destinait pas à l'état ecclésiastique.

> Peut-on exiger aujourd'hui *d'après les règles établies*, concluait-il, qu'il soit fait une séparation individuelle, un triage des élèves destinés à l'état ecclésiastique et de ceux qui ne le sont pas? C'est la question que je crois moi-même devoir faire. La lettre de l'ordonnance du roi du 5 octobre 1814 ne prévoit ni n'indique la séparation dans ce cas précis... (Enfin) après un mûr examen, M. le recteur

(1) Amiens, 10 février 1819. *Arch. nat.*, F[17] 63,247, pièce 136.

et moi sommes d'avis que l'ordonnance du 5 octobre 1814, *règle actuelle*, semble favorable à la forme actuelle de l'école.

Cette conclusion, M. d'Allonville l'appuyait sur un fait récent : à Rennes, en 1817, on avait exigé le licenciement des externes (1), mais point la séparation des séminaristes proprement dits et des autres étudiants.

La commission de l'instruction publique (2) pensa comme le préfet et le recteur d'Académie. « Saint-Acheul était à l'abri de tout reproche (3). »

Ce n'était point là, évidemment, la constatation qu'ils auraient désiré faire.

« Saint-Acheul, soupiraient-ils dans leur

(1) Et quelques-uns accusent encore les Jésuites d'avoir inventé l'internat ! La vérité est que la loi, au commencement du XIXe siècle, leur interdisait d'accepter des externes, ne tolérant dans les petits séminaires autorisés que des internes : « Le régime de ces établissements est le pensionnat,... ils ne peuvent recevoir aucun élève externe. »

(2) *Ibid.*, pièce 135, 24 mars 1819.

(3) A la Commission de l'instruction publique, *ibid.*, pièce 143, 16 février 1819.

inconscience de monopoleurs, oublieux des besoins de la patrie, Saint-Acheul enlève au collège royal, aux collèges communaux, aux pensions particulières la plupart des élèves que ces maisons devraient recevoir (1)! »

Eh bien! quand même c'eût été vrai? De ces jeunes gens « attirés par le désir d'étudier dans une école dirigée par une congrégation célèbre (2) », n'en formait-on pas, à Saint-Acheul, des Français et des chrétiens qui ne le cédaient en rien à ceux instruits par l'Université? D'ailleurs le choix et la liberté des pères de famille ne méritaient-ils pas quelques égards?

Ces considérations et d'autres non moins graves n'entraient point en ligne de compte quand il s'agissait de triompher d'une poignée d'inoffensifs Jésuites. Aussi les armes que la législation mettait entre les mains de leurs

(1) Le recteur d'Académie, 2 octobre 1816. *Arch. nat.*, F¹⁷ 63,235. La Commission de l'instruction publique, décembre 1816; *ibid.*, 63,247.

(2) Le recteur d'Académie d'Amiens, 16 février 1819. *Arch. nat., ibid.*, pièce 143.

ennemis ne suffisant point pour les anéantir,
on se préoccupa d'en forger de plus meur-
trières. Ce fut là le dernier mot de cette campagne. Le recteur d'Académie écrivait en effet :

Ce n'est, je pense, que par la réforme même de
l'ordonnance (du 5 octobre 1814) qu'on pourra
atteindre les Jésuites et Saint-Acheul. Notre législation actuelle, loin de fournir à l'autorité des armes
pour les attaquer avec succès, est un rempart derrière lequel ils se croient invulnérables (1). La commission de l'instruction publique concluait, de son
côté, que les abus dont on se plaignait « ne pouvaient cesser que par un changement dans la légis-
tion (2) ».

Il est difficile, semble-t-il, de dire plus nettement que la conduite de Loriquet et de ses
frères était irréprochable ; que la campagne
menée contre eux depuis deux années avec tant
d'acharnement n'était qu'une mauvaise chicane, et, pour parler franc, une querelle de
boutique contre des rivaux dont les succès

(1) Le même, 20 décembre 1818 ; *ibid.*, 63,247, pièce 141.
(2) *Ibid.*, pièce 135.

offusquaient et qu'on désespérait de vaincre par une loyale concurrence.

Saint-Acheul était sauvé. C'était en partie à la présence d'esprit, à l'activité, à la prudence de Loriquet qu'on le devait (1), plutôt qu'au remplacement de Lainé par Decazes, comme l'assure un adversaire des Jésuites (2).

V

L'habile supérieur ne devait pas jouir long-temps du repos et de la paix.

Pendant les vacances de cette même année scolaire 1818-1819 il fallut construire salle d'étude et dortoirs. Or, vu la disposition des lieux, le bâtiment à édifier devait nécessairement, d'un côté, prêter le flanc « aux vents qui amènent les tempêtes ».

Dans la crainte qu'il ne fût quelque jour ébranlé,

____

(1) *Annales du petit séminaire de Saint-Acheul,* pp. 80 et suiv., année 1818-1819.
(2) Clarigny, *op. cit.,* pp. 176 et suiv.

on jugea utile de fortifier par quelques pilastres le
mur de derrière ; celui qui allait remplacer l'ancien
mur du cimetière. (Bien entendu), pour élever ce
mur qui était mitoyen, on s'était muni de l'autorisation légale, laquelle supposait assurément celle de
creuser des fondations. Enfin on avait percé des
fenêtres aux différents étages. Ce furent ces fenêtres,
ces pilastres, ces fondations qui fournirent aux
ennemis de Saint-Acheul autant de chefs d'accusation. Ils se hâtèrent de répandre dans Amiens :
1° que les pilastres empiétaient sur le terrain du
cimetière ;... 2° que les fenêtres étaient une servi-
tude (1); 3° enfin qu'en ouvrant les fondations on
avait violé plusieurs sépultures et indignement pro-
fané la cendre des morts.

Ces accusations trouvèrent créance, du
moins les journaux du libéralisme impie les
exploitèrent avec fracas. Une visite officielle
fut ordonnée et le P. Loriquet dut fournir des
explications aux envoyés du préfet, commissaire de police et architecte de la ville. Ce lui
fut aisé. Il prouva d'abord, et ces Messieurs

(1) Pour les morts, sans doute. — « Il fallut pourtant
répondre à cette accusation et montrer qu'elles étaient
à la hauteur exigée. » (Note de Loriquet.)

le constatèrent de leurs yeux, que loin d'avoir causé quelque tort à la ville, on lui faisait un présent appréciable : pour 15 pouces de terrain que les pilastres empruntaient au domaine municipal, on en rendait 270. Sur ce point d'ailleurs, continuait justement Loriquet, si quelque formalité nécessaire a été négligée, « la faute en retombe sur les entrepreneurs à qui l'usage universel abandonne le soin d'observer les règlements de police ».

Le recteur de Saint-Acheul ne se contenta pas de satisfaire pleinement les commissaires du préfet, il se hâta d'envoyer au maire d'Amiens tous les éclaircissements utiles, et celui-ci voulut bien se déclarer content.

L'affaire de la prétendue profanation des tombeaux fut moins facile à terminer.

Un des adjoints, sans se donner la peine de vérifier le bien fondé de ce qu'on lui affirmait, crut que celui de son père avait été violé. A l'instant, hors de lui, il se précipite vers Loriquet, l'accable de reproches et le charge d'injures : celui-ci répond avec calme à toutes les allégations, ajoutant que si d'ailleurs son interlocuteur trouvait qu'il y eût motif de plaintes, il devait s'en prendre non pas à lui, mais ou bien au maire, qui avait autorisé les fouilles, ou bien à l'entrepreneur qui les avait exécutées.

Cette réponse si sage et si mesurée ne fit qu'enflammer davantage l'énergumène ; récriminations et menaces continuèrent. Loriquet, comprenant à qui il avait affaire, finit par lui dire avec autant de force que de sang-froid :

« Monsieur, les ecclésiastiques ont eu plus d'une fois besoin d'instruire les laïques sur leurs devoirs religieux, et en particulier sur le respect dû aux choses saintes ; je ne savais pas qu'aujourd'hui ce fût aux laïques à venir donner sur ce point des leçons aux ecclésiastiques ; au moins devraient-ils commencer par vérifier la culpabilité. » Sur ces mots il se lève et congédie son irascible contradicteur.

Celui-ci, que cette douche n'a pas calmé, délègue sans retard deux de ses affidés pour constater le forfait ; car pour lui il ne se sentait pas le courage d'aller affronter la vue des ossements de son père souillés et profanés.

Loriquet les reçoit et avec eux visite les travaux. Quelle n'est pas leur stupéfaction de constater que le bruit, cause de tout le mal, n'avait aucun fondement sérieux, que notre adjoint était imprudemment parti en campagne. Ils se hâtent de prendre congé du Jésuite et de courir assurer leur ami qu'on l'avait odieusement mystifié. On devine ce que fut son désappointement et comme il s'empressa de renoncer à l'idée que les libéraux, devenus pour la circonstance pieux et croyants, lui avaient suggérée : Amiens ne jouit donc pas du spectacle de tous ces impies ou indifférents assistant dévotement, dans la métropole, au service solennel célébré en réparation des outrages aux morts dont les Jésuites de Saint-Acheul s'étaient rendus coupables.

Cette première victoire fut peu après suivie d'une seconde.

Les adversaires de Loriquet, non suffisamment instruits par la déconfiture de l'adjoint, après avoir porté l'affaire des pilastres au conseil municipal, devant lequel Saint-Acheul eut pleinement gain de cause, avaient décidé le procureur du roi à poursuivre devant le tribunal correctionnel l'affaire de la profanation des tombes.

Loriquet, appelé devant le juge d'instruction, rétablit la vérité avec une telle netteté que les magistrats, à l'unanimité, rendirent un non-lieu en sa faveur (1). Cette fois la question était définitivement tranchée, et toujours à la honte des adversaires de Loriquet.

VI

Est-ce cette victoire complète qui, enfin, découragea les ennemis de Saint-Acheul? Toujours est-il que, plusieurs années durant, ils durent se borner à une guerre sourde, à des manœuvres souterraines. Ce fut en 1825 seulement qu'ils rouvrirent les hostilités à visage découvert : ils le firent avec un rare acharnement, peut-être même avec d'autant

(1) *Annales du petit séminaire de Saint-Acheul*, pp. 110 et suiv., année 1819-1820.

plus de fougue et d'audace que les Jésuites ne
se défendaient eux-mêmes que par le silence
et la patience. Suivons un instant les diverses
péripéties de la mêlée.

Un ex-religieux, coadjuteur temporel de la
Compagnie de Jésus avant sa suppression,
M. Lépine, domicilié à Saint-Omer, avait reçu
en dépôt certaines sommes de ses anciens
confrères Jésuites, sous l'obligation, s'il leur
survivait, de rendre le tout aux supérieurs au
cas où la Société, à laquelle ils avaient appar-
tenu et de qui ils tenaient cet argent, vien-
drait à être rétablie par l'autorité pontificale.
Informé de l'acte de Pie VII, qui rendait cano-
niquement la vie à l'Ordre naguère sacrifié,
il prit ses dispositions pour qu'à sa mort les
valeurs, qui réellement leur appartenaient,
fussent rendues aux supérieurs de la Compagnie de Jésus. L'un de ses amis, M. Legrand-
Masse, désigné pour son légataire universel,
fut chargé, en conséquence, de remettre
35.000 fr. à la maison de Saint-Acheul, la plus
proche de Saint-Omer et la seule sans doute
que M. Lépine connût.

Ce dernier mourut en 1821. Son exécuteur testamentaire avertit immédiatement Loriquet et lui offrit le dépôt confié à son honnêteté. Les Jésuites le remercièrent, mais en lui disant sans détours qu'ils n'acceptaient la somme en question que « sous la condition expresse » qu'il ne s'ensuivrait ni protestations de la famille, ni procès.

Les héritiers du défunt reconnurent d'abord la parfaite légalité du testament (1) : ils ne virent, à bon droit, dans l'abandon fait aux Jésuites, qu'une pure et légitime restitution ; mais bientôt, séduits par des conseils perfides, ils portèrent l'affaire devant les tribunaux. M. Legrand, de son côté, se crut obligé, en conscience, de ne pas céder ; il plaida. A Saint-Omer il gagna, mais appel ayant été interjeté, la cour de Douai réforma le jugement ; M. Legrand se pourvut en cassation, où définitivement il fut condamné.

On peut conjecturer si pendant et après les débats Loriquet et Saint-Acheul furent épar-

(1) Cf. *Journal des Débats*, 8 avril 1826.

gnés (1). Les feuilles libérales menèrent la campagne avec un entrain diabolique, « versant calomnies sur calomnies. Il faut, écrivait Loriquet, qu'elles comptent bien sur notre patience ; il serait si aisé de les attaquer en diffamation (2). »

Le *Journal des Débats* se distingua dans ce concert étourdissant d'accusations sans preuves, d'insinuations cyniquement erronées, d'interprétations mensongères. « Nous avons le scandale en horreur, disait-il..., nous avons constamment gardé le silence sur des associations paisibles et légales ; (mais en présence de) cette milice indisciplinée qui enveloppe déjà dans ses invisibles filets la population trop confiante d'une partie du royaume (3) »,

(1) Cf. *Coup d'œil à l'intérieur de Saint-Acheul,* par N. Yacinthe, 1826. *Discours d'un huître à son retour de Saint-Acheul.* Se vend à Paris, au profit de l'avocat Patelin, chez tous les marchands de nouveautés, 1826, in-32.

(2) Loriquet à Dupin, avril 1826. Archives privées. Cf. *Journal des Débats,* 8 avril 1826 ; *Le Constitutionnel,* 4, 6, 8, 10 avril 1826, etc. Cette dernière feuille allait jusqu'à dénoncer « la connivence des ministres et des Jésuites avec les implacables ennemis des chrétiens de Grèce ».

(3) On saura qu'à ce moment il n'y avait pas 200 Jésuites en France !

il nous est impossible de nous taire et de ne pas crier à la France qu'un péril effrayant la menace. — Et de fait il le lui criait en trois colonnes (1).

Devant de tels éclats de voix, les Jésuites courbèrent la tête sans mot dire. Eurent-ils raison? A la distance où nous sommes des événements, on serait tenté de ne pas le penser. Il est des adversaires à qui la crainte seule du bâton imprime la modération.

Quoi qu'il en soit, Loriquet crut assez faire en rétablissant la vérité dans une lettre privée à Dupin, alors encore son ami :

Relativement aux attaques que nous vaut le legs Lépine, voici brièvement la vérité, écrivait-il. Vous saurez donc : 1° Que nous n'avons jamais eu aucun rapport avec le testateur ; 2° que son legs était non un bien de famille ou un produit de son industrie, mais un dépôt très réel; 3° que c'est contre notre

(1) Ce long article ressemble étrangement à celui que ce jour-là, 8 avril 1826, publia le *Constitutionnel* : nombre d'expressions trahissent une même inspiration, pour ne pas dire une même officine. Evidemment, c'était la coalition pour le triomphe de la justice et de la vérité.

volonté expresse et souvent manifestée que le légataire s'est déterminé à soutenir un procès ; 4° enfin que c'est non seulement sans notre aveu, mais encore à notre insu, qu'il a interjeté les appels qui ont abouti à l'arrêt définitif. Tout cela peut vous paraître singulier, paraître même incroyable... ; tout cela néanmoins est l'exacte vérité. Mais cette vérité restera probablement inconnue, à moins que le légataire ne la dévoile au public ; et un historien abusé s'emparera un jour de ce procès, comme d'une pièce de conviction à laquelle il n'y aura rien à répliquer (1).

L'homme de confiance de M. Lépine, cette fois encore, comprit son devoir.

Institué légataire universel de mon ami, écrit-il, je fus chargé par lui de remettre à Messieurs de Saint-Acheul la somme portée au compte que je rendis pour satisfaire à l'arrêt de la cour royale de Douai. Cette somme fut toujours considérée par moi comme ayant été confiée aux mains de M. Lépine : ses déclarations à cet égard et les notes ou papiers trouvés lors de la succession et signés de lui en étaient d'ailleurs une preuve évidente. J'ai cru moi-même devoir communiquer ces papiers aux héritiers

(1) *Archivés privées.*

Lépine, pour les empêcher d'entreprendre un procès injuste à mes yeux... Lorsque j'offris et remis cette somme à Messieurs de Saint-Acheul, ils me recommandèrent de m'entendre avec les héritiers et surtout d'éviter toute contestation judiciaire. Je le déclare donc, c'est malgré eux que je me suis déterminé à plaider... C'est (de plus), je le déclare hautement, sans la participation et à l'insu de Messieurs de Saint-Acheul que j'ai interjeté les appels qui ont prolongé le procès et qui le prolongent encore... Je croyais et je crois encore devoir à ma conscience d'épuiser tous les degrés de juridiction pour assurer, autant qu'il est en moi, l'exécution du mandat qui m'a été confié.

Saint-Omer, le 11 mai 1826.

LE GRAND-MASSE,
propriétaire (1).

De nouveau les Jésuites triomphaient : leur conduite en cette affaire avait été toute de prudence et de délicatesse. C'est ce que même leurs ennemis durent s'avouer secrètement : ils n'avaient pas suffisante magnanimité pour le faire publiquement (2).

(1) *Ibid.* Cf. *L'ami de la religion*, t. XLVIII, p. 218.
(2) Bien au contraire, comme il conste, par exemple,

VII

On conçoit néanmoins que toutes ces calomnies, habilement semées èt persévéramment répétées, aient à la longue fini par en imposer ; que de tous ces mensonges, bien que réfutés, il soit resté quelque chose, d'autant que les adversaires ne désarmaient pas, que Montlosier et l'apostat Marcet (1), par exemple, faisaient rage. Quant à Loriquet et à ses frères, fidèles à leur tactique, ils continuaient de se taire. Qu'il leur eût été facile pourtant de fermer la bouche à leurs ennemis ! Du moins ils auraient pu, suivant le conseil de

des conclusions que le *Constitutionnel* tirait de ces débats. « Ainsi désormais, disait-il, il est prouvé que les Jésuites existent malgré les lois du royaume ; qu'ils sont ce qu'ils ont toujours été ; qu'ils troublent les consciences pour dépouiller les familles ; qu'ils procèdent par la ruse et par le mensonge pour s'approprier la fortune des citoyens ; que, toujours fidèles aux *Monita secreta*, ils captent des testaments ou cherchent à tromper la justice. » Quelle logique et quelle bonne foi !

(1) **Je** donne à l'appendice quelques lignes de la rétractation que le remords lui arracha plus tard.

Dupin, montrer leurs élèves et, pour justifier l'éducation donnée à Saint-Acheul, publier quelques-unes des nombreuses lettres qu'écrivaient leurs anciens écoliers. La suivante nous dira ce qu'elles étaient et quel plaidoyer elles auraient été en faveur de leurs maîtres si méchamment calomniés. Je doute que beaucoup d'élèves de cette Université, à laquelle Saint-Acheul allait être sacrifié, aient jamais parlé en pareils termes de l'établissement où ils avaient été élevés, l'aient célébré du moins pour des motifs aussi nobles (1).

Chère maman, écrivait Gabriel de Vaufleury, je suis à moitié fou de joie au moment où je vous écris. Pourquoi ? je vous le donne en cent, en mille, en tout ce que vous voudrez. Devinez-vous ? Non. Eh bien ! c'est parce que je m'éloigne de vous. C'est bien à ce coup que vous me croirez à moitié fou. Ce que je vous dis est pourtant la vérité. Je m'éloigne de vous et j'en saute de plaisir. Pour ne pas vous faire attendre plus longtemps le mot de l'énigme, je

(1) L'auteur de ces pages, Gabriel de Vaufleury, de Laval, était alors étudiant en droit à Paris. Il mourut peu après, à l'âge de vingt-six ans. Cf. *Annales du petit séminaire de Saint-Acheul*, pp. 273 et suiv.

vous dirai que cette nuit je m'endors dans une bonne diligence et que demain matin je me réveillerai à Saint-Acheul. Comprenez-vous maintenant mon bonheur ? Ce Saint-Acheul que j'ai quitté il y a déjà si longtemps, qui a été l'objet de mes chants et de mes regrets, je vais le revoir dans quelques heures. Je pourrai encore me promener dans ces allées qui ont été tant de fois témoins de mes jeux et de mes plaisirs ! Avec quels battements de cœur je vais parcourir cette salle d'étude où j'ai travaillé, ces classes où j'ai triomphé, cette église où j'ai vu des fêtes si augustes et si brillantes, où j'ai entendu des accents si mélodieux, où j'ai goûté des moments d'une joie si pure et si douce, cette chapelle surtout où je me suis pour toujours consacré à la sainte Vierge ! Il n'y a pas jusqu'à l'infirmerie que je reverrai avec plaisir. Tout m'intéresse, parce que tout me rappelle des souvenirs.

> Lieux fortunés, terre chérie,
> Où j'ai goûté tant de douceur,
> Vous serez toujours ma patrie !
> Vous revoir sera mon bonheur !

La joie où je suis me bouleverse la tête (1).

De retour à Paris, Gabriel se hâta de racon-

---

(1) *Ibid.*, p. 273.

ter son voyage à sa mère. Je transcris quelques lignes de ce récit :

Me voici, chère maman, de nouveau installé dans
ma petite chambre et revenu sans ombre d'accident
du plus charmant voyage que j'aie fait de ma vie. Je
n'essaierai pas de vous peindre le*plaisir, ou plutôt
le bonheur que j'ai éprouvé. Il suffit de vous dire
qu'il a surpassé celui que je me promettais. Mon
cœur était plein de ces sentiments de joie pure et
délicieuse pour lesquels on donnerait sans regret
toutes les douceurs des vaines joies du monde. L'accueil qu'on m'a fait m'a charmé. Je m'y attendais,
mais il est si doux de voir réaliser ses désirs !

Après être entré dans beaucoup de détails
très flatteurs pour ses anciens éducateurs, il
ajoute :

J'ai été en proportion aussi content de mes condisciples que de mes maîtres ; tous ceux qui m'avaient
tant soit peu connu m'ont montré l'attachement le
plus tendre.

Enfin, tout m'a rendu Saint-Acheul agréable, tout
par conséquent m'a fait regretter mon départ. En le
quittant, des larmes ont coulé de mes yeux comme
la première fois, et je ne les ai essuyées qu'en me
promettant de revenir au même lieu en verser de

nouvelles. Comme j'aimerais à faire de temps en temps un petit voyage à Saint-Acheul ! Il me semble qu'à chaque fois cela retremperait mon âme (1).

Hélas ! ce voyage réconfortant, même si la mort l'avait épargné, le reconnaissant étudiant n'eût pu le faire longtemps.

Effectivement, en dépit des courageux efforts de leurs amis ou même de vaillants inconnus, comme M. Bellemare (2), Loriquet et Saint-Acheul perdaient petit à petit du terrain. Aussi bien, les ennemis de la religion et même de la royauté, « profitant de la licence effrénée » laissée à la presse, s'étaient jetés avec fureur dans la mêlée. Saint-Acheul leur paraissait la forteresse à détruire sans retard, et pour cela toutes les armes étaient bonnes. Ils

---

(1) *Ibid.*, p. 274.

(2) Voici le titre de quatre brochures qu'il écrivit alors : 1° *Le collège de mon fils*, Paris, J.-G. Dentu, 1827 ; 2° *Le conseiller des Jésuites*, par l'auteur *Des trois procès dans un*, ibid., 1827 ; 3° *Les trois procès dans un*, ou *La religion et la royauté poursuivie dans les Jésuites*, ibid., 1827 ; 4° *La fin des Jésuites et de bien d'autres*, ibid., 1828. — Ce fut la lecture des pamphlets écrits contre les Jésuites qui ouvrit les yeux de M. Bellemare.

purent s'apercevoir bientôt que le gouvernement, indécis et faible, s'apprêtait lâchement à la livrer.

Dès le mois de février 1828, le ministre fit parvenir aux évêques dont les petits séminaires étaient dirigés par les Jésuites un questionnaire inquiétant. On demandait aux prélats quels étaient, pour chacun, le nombre, la fortune, les études, la vocation des élèves; la condition, les qualités, le genre de vie des maîtres. Étaient-ils prêtres séculiers, ou bien appartenaient-ils à quelque congrégation?

L'évêque d'Amiens (1) répondit entre autres choses que les professeurs de son petit séminaire dépendaient de lui et n'exerçaient aucune fonction publique sans son autorisation. Quant aux liens secrets qu'ils avaient pu former entre eux, il n'en était pas juge et ne pouvait s'en occuper, rien ne lui permettant de pénétrer, sans leur aveu, dans le secret de leur conscience (2). Tant d'autres,

(1) Mgr J.-P. de Chabons; il occupa ce siège de 1822 à 1837.
(2) « Ils ne sont Jésuites qu'entre Dieu et eux. » *La*

d'ailleurs, s'associaient de toutes parts sans qu'on leur en demandât compte ; pourquoi Loriquet et ses amis eussent-ils été privés de cette même liberté ? Au moins, il devait leur rendre le témoignage qu'au ·vu de tous ils reconnaissaient en toutes choses l'autorité de l'évêque d'Amiens, comme les autres prêtres du diocèse (1).

Quand les diverses réponses épiscopales furent parvenues à Paris, une commission formée d'ecclésiastiques et de laïques (2) fut

fin des Jésuites et de bien d'autres, p. 25. Cf. la lettre du secrétaire d'État, 12 avril 1828. *Arch. nat.*, F¹⁷ 63,247. — « Aucun acte extérieur n'annonce qu'ils fassent partie d'une congrégation », assurait Mgr de Cheverus des ecclésiastiques enseignant dans le petit séminaire de Bordeaux.

(1) « Pas un seul acte, pas un signe de leur vie extérieure ne révèle la qualité qui sert de prétexte à leur proscription. » *La fin des Jésuites et de bien d'autres*, p. 25. C'est ce que le ministre secrétaire d'État reconnaissait d'ailleurs sans ambages : Les ecclésiastiques qui dirigent Saint-Acheul « ne se distinguent des autres prêtres du diocèse ni par leur costume, ni par leurs actes extérieurs ». Lettre du 12 avril 1828, *Arch. nat.*, F¹⁷ 63,247, pièce 208. Il ajoutait qu'à Sainte-Anne d'Auray, par contre, on n'agissait pas de même.

(2) C'étaient Mgr de Quélen, archevêque de Paris ; Mgr Feutrier, grand maître de l'Université (remplacé

chargée de les examiner. Elle le fit, et après plusieurs conférences, par cinq voix contre quatre, émit l'avis que la légalité était sauvegardée et qu'il n'y avait pas lieu de poursuivre l'affaire (1). C'était pareillement la conclusion du recteur d'Académie. Rien dans le personnel de Saint-Acheul, écrivait-il, « rien qui puisse donner de l'ombrage aux amis du roi et de la France » (2). On sait avec quelle violence la décision de la commission fut attaquée ; avec quelle persistance les calomnies se renouvelèrent contre la Compagnie de Jésus. C'est au point qu'on se demande comment il se trouva et des feuilles assez viles pour répandre tant de palpables exagérations, de mensongères allégations, et des lecteurs assez naïfs pour s'y laisser prendre (3).

peu après par l'archevêque d'Albi) ; MM. Lainé, Séguier, Monnier, Alexis de Noailles, de la Bourdonnais, Dupin aîné et de Courville.

(1) Les ennemis des Jésuites, Lainé, Séguier, Monnier et Dupin, avaient compté, pour avoir la majorité, sur l'universitaire M. de Courville ; mais la loyauté de ce dernier fit échouer les calculs des persécuteurs.

(2) *Arch. nat.*, F{17}, 63,247, pièce 208.

(3) « Ce qui peut arriver de plus heureux pour les

Étourdis de ce fracas, les ministres, pusillanimes comme ils l'étaient et dominés d'ailleurs par Portalis, crurent calmer l'orage par des concessions : ils proposèrent au roi de jeter les Jésuites à la mer ; allégée de la sorte, la barque de l'État voguerait désormais sans danger (1). Le pauvre Charles X, « bon par caractère et porté d'inclination » (2) pour les victimes désignées, hésita, temporisa (3). « Les fatales ordonnances étaient toutes dressées ; il lui arriva de les signer et l'instant d'après de les mettre en pièces. » Le 16 juin, pourtant, l'œuvre d'iniquité se consomma. L'établissement que dirigeait Loriquet était le plus fameux de ceux que l'on détruisait ainsi (4).

Jésuites, c'est que leurs ennemis continuent d'être fous... au degré où ils le sont. » *Le collège de mon fils,* VII.

(1) Quelques-uns « veulent voir s'il n'y aurait pas moyen d'apaiser par là notre grosse faim des révolutions ». *La fin des Jésuites et de bien d'autres.*

(2) On lui attribue pourtant ce mot : Quant aux Jésuites, « je ne puis dire ni que je les aime, ni que je ne les aime pas ».

(3) Voir la *Vie de Mgr Frayssinous* par Henrion, pp. 642 et suiv.

(4) Les ordonnances du 16 juin 1828 portaient, 1° que

Personne n'ignore comment, dans une *Lettre pastorale* célèbre, l'évêque d'Amiens avait essayé de conjurer ce malheur. Il y suppliait le roi de ne pas sacrifier « des prêtres respectables... aux attaques les plus violentes et les plus injustes » des ennemis de l'Église (1) et de la royauté ; il se portait hautement garant « de la foi, du zèle et de la piété » des persécutés ; déclarait « qu'ils étaient innocents, à ses yeux, de tant d'absurdes imputations » accumulées contre eux.

Si jamais, terminait le prélat, ce témoignage pou-

huit petits séminaires, étant dirigés par une congrégation religieuse non autorisée, seraient, à compter du 1er octobre suivant, soumis au régime de l'Université ; 2° que personne, désormais, ne pourrait être chargé de la direction ou de l'enseignement sans avoir assuré par écrit qu'il n'appartient à aucune congrégation religieuse non établie légalement.

(1) « Ce n'est pas précisément à eux que la guerre est déclarée : c'est au principe religieux qui se trouve renfermé dans leur mission. » *Le collège de mon fils*, VII. — Sur cette mesure, on prête cette parole à Charles X : « J'ai examiné, j'ai bien réfléchi, j'ai prié Dieu de mon mieux de m'éclairer, et je suis resté convaincu que si je ne prenais pas cette mesure, je pouvais compromettre le sort du clergé et peut-être celui de l'État. »

vait devenir un objet de contradiction, vous sauriez le peser dans la balance de la justice ; vous opposeriez à des déclamations vagues les suffrages de tant de familles respectables, de tant de prêtres pieux et éclairés, d'un grand nombre d'hommes sages et religieux qui ne démentiront pas la voix de leur évêque (1).

Mgr de Chabons ne s'était pas trompé (2) sur les sentiments des chrétiens conscients et spécialement des prêtres de son diocèse, rela-

----

(1) *Annales du petit séminaire de Saint-Acheul*, p. 593, 12 juin 1828. — Les élèves de Saint-Acheul se montrèrent grandement touchés de cette intervention en faveur de leurs maîtres : ils eurent à cœur d'en dire leur reconnaissance au prélat dès la première occasion favorable.

Le 21 juin, jour de la première communion, ils chantèrent entre autres :

> D'un illustre prélat qu'honorera l'histoire,
> Pour protéger ses fils le bras s'était levé.
> Hélas ! si le courage assurait la victoire,
> Saint-Acheul eût été sauvé.

(2) M. Clarigny dit que cette lettre de l'évêque d'Amiens lui avait été « dictée par le P. Loriquet », p. 199. Or, dans une lettre du 14 juin ce dernier écrivait confidentiellement : « Nous n'avions pas témoigné à l'évêché le désir de cette justification, il en a le mérite tout entier. » Le lecteur verra sans peine où se trouve la vérité.

tivement aux Jésuites. Les curés d'Amiens, les doyens de la Somme, les jeunes ecclésiastiques formés par Loriquet tinrent à prodiguer aux victimes les marques les plus explicites de fraternelle sympathie. Ces derniers, par exemple, disaient des professeurs du petit séminaire, leurs anciens maîtres :

Défenseurs intrépides de cette religion dont on ne leur prête que le masque, dévoués à Dieu et au roi, amis de l'ordre et de la paix publique, sévères à eux-mêmes et indulgents pour les autres, tels nous avons connus ces pieux instituteurs de notre jeunesse... Puisse cet hommage rendu à l'innocence et à la sainteté de leur vie adoucir les amertumes dont on les abreuve... ; qu'il serve à constater qu'il reste aux Jésuites des cœurs dont l'affection et la reconnaissance ne s'affaibliront jamais pour eux (1). Aimer et servir Dieu, se conformer aux lois établies, respecter et chérir les souverains, voilà les leçons qu'ils répètent..., ils ont passé au milieu de nous en faisant le bien.

Ainsi parlait encore un autre groupe des élèves de Loriquet (2).

(1) Amiens, 6 août 1828.
(2) *Annales de Saint-Acheul*, p. 604.

Les motifs qui guidaient les habitants et le conseil municipal d'Amiens, le conseil général de la Somme étaient moins élevés sans doute. Ils méritaient pourtant d'être pris en considération.

Sire, disaient les Amiénois dans leur supplique à Charles X, les sages ecclésiastiques du petit séminaire de Saint-Acheul n'ont cessé, depuis quinze ans, d'élever nos enfants dans la crainte de Dieu et dans l'amour du roi. A une doctrine pure, à une solide et aimable piété, à une science profonde, au rare talent d'élever la jeunesse... ils joignent encore le zèle du salut des âmes et une charité inépuisable envers les malheureux. Et pourtant vous les chassez ! Quelle surprise pour nous !

Passant à des considérations plus vulgaires, ils rappelaient que chaque année Saint-Acheul jetait dans Amiens « un capital de plus de 800.000 fr. », que d'abondantes aumônes sortaient en outre de cette maison, qu'on y élevait « gratuitement .cinquante à soixante enfants, sans parler de plus de deux cents autres qui ne payaient qu'une très faible partie de la pension ».

Ce langage que tenaient 1.400 Amiénois, en dépit des menaces des libéraux, n'était que la manifestation écrite des vrais sentiments de la population, comme l'indique l'extrait suivant d'une feuille locale :

Les ordonnances illégales des sept ministres, y lisons-nous, ont été reçues à Amiens avec un étonnement qui n'a pu être égalé que par l'indignation. Le soir, l'inquiétude éprouvée par les bourgeois s'est communiquée aux ouvriers de la ville. Le maire a été hué en expiation des remerciements qu'au nom du conseil municipal, et contre le vœu des notabilités, il avait adressés au roi... Un instant après, le peuple a détruit les insignes royaux. On s'est (ensuite) porté sur Saint-Acheul, « pour bien marquer aux Jésuites la part qu'on prenait à leur injuste destruction (1) ».

Vint enfin la protestation des évêques de France. Dans un mémoire présenté le 1ᵉʳ août à Charles X, ils disaient les alarmes de la religion, dont on restreignait la liberté.

Mais, ajoutaient-ils, combien ces alarmes si justi-

(1) *Archives privées.*

fiées ont augmenté quand cette religion sainte « a vu répudier de l'instruction publique les maîtres les plus capables de former la jeunesse aux vertus chrétiennes, quand même ils ne seraient pas reconnus comme les plus habiles pour lui enseigner les lettres humaines..., ces infatigables et zélés précepteurs de l'adolescence, qu'elle a comptés, dans tous les temps, au nombre de ses plus puissants auxiliaires (1). »

Les élèves de Saint-Acheul, il semble inutile de le dire, n'avaient pas attendu que tant de bouches autorisées eussent parlé, pour témoigner de cent manières différentes la part qu'ils prenaient à la peine de leurs maîtres. Pour l'adoucir, ils multiplièrent les démarches les plus délicates, tenant surtout à honneur de se montrer jusqu'à la fin écoliers modèles par une conduite plus parfaite, une régularité plus entière, un travail plus constant et plus

(1) *Annales de Saint-Acheul*, p. 609. L'évêque d'Amiens, dans une lettre privée, disait à Charles X : « Je n'ai pas besoin de vous apprendre combien mon diocèse et ma ville épiscopale souffrent de la suppression de mon petit séminaire de Saint-Acheul. » 2 juillet 1828. *Arch. nat.*, F¹⁷ 63,247.

intense. Ils eurent, en outre, l'idée d'offrir au P. Loriquet un tableau portant les noms des maîtres et des élèves et présentant l'image de saint Acheul, patron de la maison, autour de la tête duquel les vers suivants formaient auréole :

Si des cris de fureur outragent ma mémoire,
Amis, consolez-vous : de mes nombreux enfants
Les noms seuls suffiraient, même aux yeux des méchants,
    Pour assurer ma gloire.

D'autres témoignages de sympathie et de gratitude avaient été projetés. Loriquet pensa qu'ils étaient superflus et demanda qu'on s'abstînt (1).

Les élèves se soumirent.

Ils tinrent pourtant à manifester officiellement, s'il est permis de parler ainsi, leurs véritables sentiments en présence de la destruction de leur collège :

Rendus à nous-mêmes et pleinement libres, écri-

(1) Il déconseilla pareillement, comme inopportune et inutile, une démarche des parents en faveur de l'établissement.

vaient-ils, nous pouvons désormais faire entendre notre voix et l'unir à tant d'autres (1) qui s'élèvent de toutes parts en faveur de ceux qui furent nos maîtres. Ceux que nous entreprenons aujourd'hui de justifier n'ont plus avec nous que le souvenir de l'affection réciproque qui régnait entre eux et nous. Le témoignage que nous leur rendons ne peut être rejeté, il n'est fondé ni sur la crainte ni sur l'espérance. Peut-être ne servira-t-il qu'à enflammer davantage cette aveugle fureur qui a voulu qu'on lui sacrifiât aujourd'hui les amis de notre enfance. Comment nos réclamations et nos éloges sauveraient-ils ceux que leur innocence et leurs vertus et leurs bienfaits n'ont pu protéger ! Il n'y a pas si longtemps qu'un roi juste, pieux, innocent, a été opprimé par la haine et la calomnie. La douleur et le deuil des Français fidèles n'ont pu le soustraire à la mort. Les élèves des Pères de la Compagnie de Jésus ne se flattent pas d'être plus heureux ; mais ce n'en est pas moins un devoir pour eux de payer la dette de la reconnaissance et de rendre témoignage à la vérité. Une expérience de plusieurs années nous a donné l'entière certitude que la maison d'où l'on nous bannit fut constamment l'école de la fidélité et le sanctuaire de la religion. C'est pourquoi nous

(1) Parmi les protestations les plus autorisées, je ne veux signaler que celles de MM. de Bonald et de Villèle.

protestons que rien au monde ne lui fera perdre notre vénération et notre amour. Nous mettrons notre gloire à n'oublier jamais les leçons qu'elle nous a données et à n'en rougir devant qui que ce soit. Chrétiens et Français, nous y conformerons notre vie ; et ainsi peut-être parviendrons-nous à confondre un jour ses ennemis, c'est-à-dire ceux de Dieu et du roi (1).

Leurs aînés voulurent également se faire entendre. Le 8 juillet 1828, réunis à Paris au nombre de cent quarante-neuf (2), ils écrivaient :

Le malheur de nos anciens maîtres n'a point désarmé la calomnie ; ils continuent à être l'objet des imputations les plus odieuses. Nous avons pu garder le silence tant que leurs ennemis les proclamaient tout-puissants ; mais aujourd'hui ce silence serait lâche et coupable. Forts de notre conscience et de la vérité, nous venons donc, à la face de la France, proclamer l'innocence de nos anciens maîtres et les venger des accusations de la haine et de la prévention. Nous affirmons que, élevés dans les

(1) *Annales de Saint-Acheul*, p. 624. — On sait que huit élèves de Saint-Acheul furent promus à l'épiscopat.
(2) Voir leurs noms à l'appendice.

établissements des Jésuites, nous y fûmes constamment les témoins de la pureté de leurs vertus, de leur attachement au trône de nos rois (1) et de leur soumission aux lois du pays. Nous aimons à leur rendre ce témoignage au moment surtout où un de leurs élèves vient de se mêler à leurs accusateurs (2), heureux de couvrir le cri isolé de l'ingratitude par la voix unanime de la reconnaissance.

(1) Leurs ennemis pourtant, à ce moment-là même, allaient jusqu'à affirmer qu'ils songeaient à tuer Charles X, et Dupin, l'ancien ami de Loriquet, s'écriait : « Messieurs, les Jésuites ont perdu les Stuarts, empêchons les Jésuites de perdre les Bourbons ». Cité par le P. Burnichon, p. 433.

(2) Ce renégat, connu seulement sous le pseudonyme de N. Hyacinthe, avait publié un pamphlet intitulé : *Coup d'œil dans l'intérieur de Saint-Acheul*, pamphlet que j'ai déjà signalé. C'était un ramassis de faits supposés, dénaturés, de calomnies venimeuses, d'interprétations fausses et d'insinuations perfides. On lisait, par exemple, que le but que poursuivaient les Jésuites à Saint-Acheul était « de propager l'ignorance et d'étouffer le génie » (p. 13) ; qu'on « y voyait en petit ce qui s'était passé en France aux jours de la Terreur » (p. 18). En regard de ces accusations, lire *Le collège de mon fils.* — Le malheureux auteur ne tarda pas à se repentir de sa mauvaise action, et quand il mourut, peu après, il en témoigna toute sa peine.

VIII

Tant de témoignages de sympathie et d'estime, de gratitude et d'affection désintéressée furent sans nul doute un réconfort apprécié des victimes et leur diminuèrent les amertumes de la mort. L'œuvre de Loriquet et de ses frères n'en périssait pas moins lamentablement. La calomnie avait fini par triompher de l'indécision et de la faiblesse d'un gouvernement trembleur. Deux ans plus tard, Charles X, se retirant devant l'émeute victorieuse, dut se convaincre qu'on ne se sauve pas en sacrifiant des innocents. Il comprit du moins qu'il eût été plus noble de succomber en tenant tête à l'ouragan.

Quant aux Jésuites, ils sortaient grandis de la mêlée. Lorsqu'on voit, en effet, quelles armes furent maniées contre Loriquet, quels ressorts mis en jeu, quelles machinations ourdies (1); quand on considère quels ridicu-

(1) « A force de déraison et de fureur, les ennemis

les griefs on fut contraint d'exploiter pour le perdre, quelles allégations on inventa contre lui. tout homme réfléchi devine sans peine de quel côté se trouvent le bon droit et la vérité, le souci de l'honneur et le respect de soi. On se sent fier, pour les accusés, qu'ils n'aient, dans l'espace de quatorze ans, donné prise qu'à d'aussi misérables inculpations : la rage folle de leurs ennemis n'aboutit véritablement qu'à leur glorification.

IX

Saint-Acheul avait succombé depuis près de dix ans que son souvenir effrayait encore les ennemis des Jésuites. Je lis, en effet, dans une *Note pour le conseil royal,* datée du 27 avril 1837 :

Dans sa séance du 4 de ce mois, le conseil royal,

des Jésuites finissent par guérir tout doucement les esprits qui ne sont malades que de préventions. » *Le collège de mon fils,* VII.

dont (on) avait appelé l'attention (1) sur l'établissement qui paraissait s'être reformé dans les bâtiments
de la maison de Saint-Acheul, a décidé qu'il y avait
lieu : 1° de demander au préfet de la Somme des
renseignements sur l'âge des élèves, dits ecclésiastiques, et sur leur existence ; 2° d'inviter M. le ministre des cultes à faire savoir quelque chose sur un
établissement qui, d'après les informations reçues,
ne paraît être ni un grand ni un petit séminaire (2).

Les lignes suivantes de cette communication ajoutaient, d'après un rapport secret fait
à la police, des renseignements précis, plus
ou moins exacts, il est vrai, sur l'état des
Jésuites en France et leurs desseins futurs.
Pour l'instant, par exemple, ils n'avaient pas
de collège à Saint-Acheul, mais un simple
noviciat, qu'ils devaient, la promulgation du
projet de loi sur l'enseignement secondaire
faite, « transformer, aussitôt que possible, soit
brusquement, soit par une transition insen-

(1) Effectivement, le 29 mars 1837, le préfet de la
Somme disait ses inquiétudes sur ce point dans une
lettre au conseil royal. Cf. *Arch. nat.*, F¹⁷ 63,247. .
(2) *Arch. nationales*, F¹⁷ 63,235, p. 2.

sible, en un établissement d'instruction ».
Il conviendrait donc que le conseil royal
« ordonnât la clôture immédiate d'un établissement qui, ne rentrant dans aucune des catégories des écoles autorisées, ne peut à ce titre
être toléré (1) ».

Le conseil royal eut la sagesse de ne point
se hâter : ce qui, sûrement, lui épargna une
fausse manœuvre. Le recteur d'académie écrivait, en effet, le 14 juillet suivant : « L'établissement de Saint-Acheul, tel qu'il est cons-
titué aujourd'hui, semble n'avoir rien de
commun avec une maison d'éducation secondaire » ; on s'y occupe d'études théologiques,
les élèves sont âgés de vingt-cinq à quarante
ans. — Ces renseignements étaient exacts.

L'œuvre de Loriquet et de ses frères était
bien réellement anéantie, et l'Université comptait un triomphe de plus : elle avait réussi à
faire traîtreusement étrangler un concurrent
aussi loyal que redoutable. Je n'ose croire
qu'elle en fut fière.

(1) *Arch. nat.* F¹⁷ 62,245, p. 2.

CHAPITRE III

L'HISTOIRE DE FRANCE

L'HISTOIRE DE FRANCE

I

Après la destruction de Saint-Acheul, Loriquet, désormais privé du droit d'enseigner, fut envoyé par ses supérieurs en résidence à Paris. C'était pour lui une vie toute nouvelle. Il ne s'en livra pas moins avec son entrain ordinaire aux humbles occupations du ministère sacerdotal (1), et l'on ne tarda guère à apprécier, comme il convenait, son zèle, sa prudence et sa piété. Les moments que la direction et le confessionnal lui laissaient, étaient principalement employés à la composition d'ouvrages de piété : *Manuel du Catéchiste, La Dévotion à saint Joseph, Vie du*

(1) « J'y trouve, écrivait-il, pour le moins autant de goût qu'à noircir du papier. » 13 février 1832.

B. P. Fourier, Nouvelle Vie de sainte Ulphe.
C'était donc bien la retraite ; on eût dit même qu'il cherchait avant tout à se faire oublier notamment des hommes du gouvernement. Il espérait sans doute que ses ennemis triomphants dédaigneraient un vaincu enfoui dans le silence, perdu dans l'obscurité, occupé à publier des livres de dévotion, à visiter des malades, à consoler des malheureux.

Il n'en fut pourtant rien : on le poursuivit jusque dans le désert où il s'était réfugié. En 1832, le Recteur d'Académie d'Amiens lui consacrait la circulaire suivante :

Monsieur, disait le grave fonctionnaire en un bien curieux langage, j'ai reçu de M. le ministre de l'instruction publique l'ordre de prendre sur-le-champ les mesures nécessaires pour m'assurer si dans les écoles du ressort de l'académie on ne met pas entre les mains des élèves un *Abrégé de l'histoire de France*, marqué des initiales A. M. D. G., généralement attribué au chef d'une ancienne école tenue par les Jésuites ; et pour que dans le cas où une recherche exacte ferait découvrir qu'il existe des exemplaires de ce livre où *l'esprit de parti* a altéré *à dessein* la vérité historique et blessé tous les sentiments français (1) et qui, d'ailleurs, ne figure point sur la liste des livres adoptés par l'Université, ils soient à l'instant retirés des mains des élèves. Cette mesure s'applique surtout aux établissemeuts protégés ou entretenus par le gouvernement, mais elle doit être exécutée aussi à l'égard des maisons d'éducation particulières, et dans le cas où quelques-unes seraient connues pour faire usage du livre en question, *je dois les signaler à l'autorité*. Le gouvernement ne doit point ignorer ces tentatives de l'esprit de parti sur la jeunesse.

Je désire, Monsieur, avoir de vous une déclaration *formelle et positive* sur cet objet, je l'attends *le plus tôt possible*. MM. les inspecteurs seront chargés, dans leurs tournées, d'exercer à cet égard une surveillance scrupuleuse.

Agréez, etc.

Le recteur d'Académie,
DURAND (2).

On voit que si M. le recteur n'épargne aucune précaution pour éloigner le poison de la bouche des nourrissons de l'Université, il ne se prive pas davantage des imputations les

(1) Lesquels ? Le fonctionnaire de l'Université oublie de le dire.

(2) *Archives nationales*, F¹⁷ 63,247.

plus graves contre un ouvrage dont il ne sait
pas même donner le titre exact et qu'il laisse
assez clairement entendre n'avoir jamais lu.
Mais ce n'est pas le lieu de relever les exagérations du trop zélé fonctionnaire et de l'injuste critique : j'aurai l'occasion de le faire
amplement dans la suite de ce chapitre.

II

On peut supposer que les ennemis de Loriquet le crurent définitivement écrasé par ce
dernier coup de massue; ils parurent, du
moins, l'oublier pendant plusieurs années. Ce
fut après 1840 seulement qu'ils se souvinrent
de lui et rouvrirent les hostilités.

L'épisode le plus retentissant de la lutte, et
à ce titre il n'est pas inutile de l'exposer d'a-
bord, eut pour théâtre la Chambre des pairs.
Le 29 avril 1844, un ancien ministre, Hippo-
lyte Passy, du haut de la tribune, reprodui-
sant une phrase de Portalis, accusait le **Jésuite**

d'avoir écrit que « Napoléon n'était qu'un marquis, lieutenant général au service de S. M. Louis XVIII, dont il conduirait à Vienne les armées ». Evidemment l'allégation était si totalement imprévue, si sottement déconcertante, que nul à droite ne fut en état de riposter : Passy triomphait et les adversaires des Jésuites avec lui.

Ce ne fut pas pour longtemps. Huit jours plus tard, Montalembert se leva ; il tenait à la main deux petits volumes : « J'ai l'honneur de déclarer, dit-il, que cette falsification stupide de l'histoire n'a jamais existé..., que le fait est complètement controuvé (1) » ; et présentant à l'imprudent dénonciateur « les deux éditions *princeps* », il le met au défi de montrer les mots cités par lui. « J'étais, écrit un témoin (2), à la séance où M. de Montalembert, répondant à M. Passy, lui porta, en son nom et en celui du P. Loriquet, le défi solennel de produire un exemplaire contenant le

____

(1) *Moniteur*, mai 1844, p. 1277.
(2) M. de la Sicotière.

fameux passage. Il ajouta, et je me rappelle encore la sensation extraordinaire que cette déclaration produisit dans la Chambre et dans le public, que si un pareil exemplaire était jamais découvert, il le déclarait d'avance falsifié par quelque ennemi des Jésuites » (1). Ce qui, d'ailleurs, continuait-il, ne saurait étonner ceux qui, comme lui, avaient vu de leurs propres yeux, en 1840, des lithographies représentant les Jésuites faisant l'exercice à feu dans les cours de Montrouge.

Ainsi mis en demeure d'appuyer son accusation, M. Passy se contenta piteusement d'affirmer de nouveau que « le livre existait », ou du moins qu'il avait existé. Quant à prouver cette allégation, il ne le tenta même pas.

Quelque temps après, Loriquet entrait lui-même directement en scène. La *Champagne Catholique* (juillet-août 1844), par exemple (2),

(1) *Intermédiaire des Chercheurs*, I, 184.
(2) Je pourrais rappeler aussi la vigoureuse lettre qu'il destina à M. Passy (Cf. *Intermédiaire des Chercheurs*, I, 126) : « Vous avez osé, lui disait-il, soutenir cette sotte accusation, même en présence de toutes les éditions, lesquelles vous donnaient, permettez-moi l'expression,

contenait une page de lui, qu'il résumait ainsi dans une lettre à son neveu, le 13 juillet 1844 : « En deux mots, défi par moi de

le démenti le plus formel. » — Dans les papiers de Loriquet qui nous ont été conservés, je trouve trois brouillons de cette lettre à M. Passy. Je cite seulement les lignes les plus importantes. On verra que la pensée du Jésuite ne varia jamais dans sa netteté et sa vigueur.

(1re version) « La vérité, je le déclare et je l'atteste, est qu'à aucune époque je n'ai rien écrit qui ait pu donner prétexte aux paroles de M. Passy. »

(2° version) « La vérité est qu'à aucune époque je n'ai écrit un mot qui ressemble à cette absurde assertion. »

(3° version) « Jusqu'ici nous avions gardé le silence, nous sommes forcé de le rompre : Nous déclarons donc et nous protestons que jamais le ridicule nom de *marquis de Buonaparte* n'est entré dans l'*Histoire de France* qui nous est attribuée..., que personne en France, ami ou ennemi, ne l'a découvert dans aucune édition de cet ouvrage. »

Ces variantes me donnent une occasion toute naturelle de citer quelques lignes de sa copiste ordinaire, lignes qui révéleront un trait de caractère du digne religieux. Parfois, dit-elle, je me permettais de lui faire des critiques; alors « il écoutait, expliquait sa pensée... retournait sa phrase dans tous les sens jusqu'à ce qu'il me vît entièrement contente. Souvent même, deux ou trois jours après, il rapportait le passage refait de différentes manières, afin de choisir la correction, de concert avec moi. Il faisait tout cela avec tant de bonhomie et de gaîté, que j'étais parfaitement à l'aise avec lui ». *Archives privées.*

montrer un seul exemplaire, de quelque édition que ce soit, où se trouve la sotte phrase du marquis de Buonaparte; pour le cas où on la montrerait dans un exemplaire quelconque, engagement pris par moi de démontrer la falsification par l'insertion d'une page collée à la place d'une autre, par la différence du papier et des caractères. » M. Passy, cette fois encore, se déroba, conduite, au reste, que tout le monde imita.

La querelle semblait donc vidée : l'accusateur avait été mystifié (1). Il le reconnaissait lui-même implicitement, mais évidemment, quelques protestations gratuites qu'il multipliât pour en imposer aux crédules. La « sotte » légende (2) devait pourtant faire son chemin.

En vain, Martial Marcet de la Roche-Arnaud,

(1) Un érudit de nos jours affirmait tout récemment que cette pasquinade était le fait d'un journaliste en belle humeur. M. Passy s'était laissé prendre à cet appât grossier, inconsciemment, je pense. Voir pour ce détail *Mémoire à consulter...,* par M. Martial Marcet de La Roche-Arnaud, p. 42.

(2) Loriquet parlait « d'assertion mensongère, de page maudite, de sotte phrase ».

l'ancien allié de Montlosier dans sa guerre contre la Compagnie de Jésus, protesta « que cette fable était aussi effrontée que ridicule » (1), on affecta de ne pas entendre celui qu'on tenait naguère pour un oracle ; en vain un bibliophile offrit 5oo francs à qui lui montrerait la phrase contestée (2) ; en vain la maison Poussielgue-Rusand promit 3o.ooo francs à qui présenterait un exemplaire, sorti de ses presses, contenant les expressions incriminées (3), nul ne releva ces défis. Et pourtant, plusieurs continuèrent de croire à l'imputation de M. Passy ; du moins ils l'affirmaient !

Une sorte de reculade s'opérait néanmoins parmi les plus hardis tenants de cette « farce stupide ». Comme les dernières éditions de Loriquet étaient entre les mains de tous et que la fameuse phrase ne s'y lisait point, on fut contraint de se rabattre sur les premières.

(1) *Mémoire à consulter sur le rétablissement légal des Jésuites en France*, 1845, p. 42-43, Paris, Jules Laisné. Voir aussi sa lettre à la *Quotidienne*, 21 mai 1844.

(2) *Intermédiaire des Chercheurs*, I, 184.

(3) *Ibid.*, I, 229.

D'après M. Cucheval-Clarigny, si elle se trouvait quelque part, c'était dans l'édition de 1816. Malheureusement, ajoutait-il, la chose est impossible à vérifier (1), car « cette édition est absolument introuvable (2) ». Était-elle

(1) M. Vapereau (*Liberté de penser*, p. 398) dit avoir vu cette édition de 1816 et ajoute que la fameuse phrase ne s'y rencontrait pas.

(2) Cette édition reproduit la première, celle de 1814 ; l'auteur s'est contenté d'y ajouter un supplément de 171 pages. — Ce supplément fut de plus tiré à part, probablement pour la commodité de ceux qui avaient acheté l'ouvrage précédemment. J'en ai en ce moment un exemplaire sous les yeux ; il est différent de celui que possédait M. Claretie, car le mien ne porte point les signes distinctifs qui se voyaient en celui de cet adversaire (p. 296, note). L'honorable académicien se trompe donc lorsqu'il redit, après M. Vapereau, qu'un exemplaire, « unique sans doute », avait échappé à la destruction que les Jésuites avaient tentée! — Ce n'est pas tout : au cours de ce même article, inséré dans la *Liberté de penser* (I, 398 et suiv.), M. Vapereau dit d'une part que ce *supplément* ne contenait pas la phrase de *marquis de Bonaparte*, de l'autre que les Jésuites n'avaient rien épargné pour en faire disparaître tous les exemplaires. Il n'oublie qu'une chose, c'est de nous apprendre pourquoi ils avaient agi de la sorte. Comment M. Claretie (Cf. Le P. Loriquet et son « Histoire », dans la *Révolution française*, avril 1904, t. 46, p. 295) n'a-t-il pas remarqué qu'en acceptant sans réserve ces lignes de M. Vapereau il tombait dans la même inconséquence

vraiment introuvable en 1848? Cela paraît bien extraordinaire. Du moins elle ne l'est plus actuellement : j'en ai vu deux exemplaires à la Bibliothèque nationale, et il y en a d'autres encore peut-être. Or, j'ai lu depuis la première ligne jusqu'à la dernière tout ce qui concerne Bonaparte, et je n'ai point trouvé l'appréciation en question.

D'autres, 'qui vraisemblablement avaient fait la même constatation que moi, ne se sont pas laissé déconcerter pour si peu ; ils ont dit que l'édition qui recélait la perle tant cherchée était celle, non de 1816, mais de 1815. On a bien entendu, j'ai dit celle de 1815. Mais, hélas ! voyez la guigne des intrépides chercheurs de la vérité. Cette édition précieuse, qui devait à jamais clore ce long débat, elle avait disparu, on ne sait à quelle époque, de quelle manière, sans laisser trace nulle part. Les con-

que lui et prêtait à son tour, contre toute vraisemblance et sans motif, aux confrères de Loriquet une conduite sotte et ridicule! En effet, à quoi bon détruire une édition qui ne. contenait point le passage cause du litige?

frères de Loriquet — admirez leur bonheur !
— l'avaient découverte dans chacune des
bibliothèques du globe où on la cachait jusque-là, arrachée à toutes les mains qui la rete-
naient et enfin si complètement supprimée,
anéantie avec un tel succès, que pas un
exemplaire n'avait été sauvé.

Cette trouvaille est de M. le baron de Ponnart, celui qui assurait dans le *Phare de la
Loire*, 4 décembre 1865, et cela en dit long
sur son sérieux et sa science, qu'à la tribune
« l'assertion de M. Passy n'avait été contredite
par personne, pas même par M. de Montalembert » (1).

On est d'ores et déjà suffisamment édifié sur
la valeur et le poids de ce témoin ; un mot
pourtant encore. L'auteur de la bouffonne
explication qui nous occupe n'a-t-il pas
trop oublié en la jetant à tous les vents que
les Jésuites ne sentirent évidemment la
nécessité de la disparition, signalée par lui,
qu'en 1844, puisqu'à ce moment-là seulement

(1) *Intermédiaire des Chercheurs*, II, 148.

on s'avisa de leur faire grief du jugement de
leur confrère? Mais alors qu'il nous apprenne
par quel tour de force, 29 ans après l'appari-
tion d'un ouvrage, mis entre les mains de
1500 écoliers au moins, on serait parvenu à
retrouver tous les exemplaires sans qu'un seul
ait pu depuis être découvert, sans que même
il soit resté trace d'une opération aussi déli-
cate que compliquée. De bonne foi, n'est-ce pas
impossible et la prudence ne conseille-t-elle
pas de passer outre sans s'arrêter davantage?
— Enfin, et je m'en tiendrai là, comment
M. le baron de Ponnart n'a-t-il pas remarqué
que la brochure de Kératry (1), sur l'interprétation hasardée de laquelle il s'appuie (2), ne
relève même pas la phrase extravagante, lais-
sant échapper de la sorte l'occasion la plus
opportune d'ajouter une critique bien fondée
à celles qu'il prodigue plus ou moins justement à Loriquet? Si semblable sottise se fût
rencontrée, précisément dans cette édition
qu'il avait sous les yeux et qu'on n'a point

(1) Paris, Dentu, in-8 de 58 pages, 1820.
(2) *Intermédiaire des Chercheurs*, II, 203.

revue depuis, comme il se fût avidement
précipité sur cette proie! Ici encore, nous
sommes donc en présence d'une mystification.
Aussi bien cette hypothèse est-elle communément abandonnée.

Il ne restait aux partisans de la **légende**
qu'à se rejeter sur la première édition et à
tirer de sa disparition un argument en faveur
de leur thèse. De cette manière leur affirmation gardait quelque force ; du moins on ne
pouvait prouver matériellement qu'ils se trom-
paient.

M. Claretie a-t-il fait ce petit calcul, et l'im-
possibilité de consulter cette édition « introuvable à la Bibliothèque nationale comme partout » (1) l'a-t-elle défavorablement impres-
sionné? Si oui, je suis heureux d'être en
mesure d'éclairer sa conscience d'historien et
calmer ses scrupules et ses doutes.

Comme lui, j'ai constaté qu'en effet on n'a
pas à la rue Richelieu l'édition désirée; par
bonheur, on est ailleurs plus favorisé. **Et**

(1) Ces mots sont de M. Claretie.

comme, en ce moment, je l'ai sur mon bureau, j'en ferai une courte description, prêt à montrer l'ouvrage lui-même à qui voudra le voir et l'examiner.

Le travail de Loriquet forme deux petits volumes in-24, le premier, de x-360 pages, plus la table des matières ; le deuxième, de 213-xxxviii pages, sans la table. Le titre est le même pour l'un et pour l'autre : sur la première page, *Cours d'histoire à l'usage de la jeunesse*, tome (I ou II) de l'histoire de France, faisant le tome IV de la collection ; sur la deuxième page, *Histoire de France à l'usage de la jeunesse*, avec cartes géographiques, par A.-M.-D.-G... — Tome premier, depuis le commencement de la monarchie jusqu'en 1589. — Tome second, depuis Henri IV jusqu'à la fin du xviiie siècle. A Lyon, chez M. P. Rusand, imprimeur-libraire, et à Paris, à la Société typographique, place Saint-Sulpice, n° 6, 1810 (1).

(1) On sait que cette édition, parue en réalité à la fin de juin ou au commencement de juillet 1814, fut antidatée par l'éditeur sans l'autorisation de l'auteur. C'est

Le premier volume est précédé d'une préface et se termine par un chapitre intitulé : *Mœurs et coutumes des Français ; Etat des lettres, des sciences et des arts sous les Valois-Orléans* (338-354). Enfin (355-36o) se trouve une *Table alphabétique* des lieux marqués dans les cartes géographiques (ces cartes sont au nombre de deux, une au commencement de chaque tome). Le second volume se termine : 1° par *quelques détails sur la destinée des augustes personnages qui partagèrent la captivité de Louis XVI* (p. 17o-174); 2° par un long chapitre (p. 175-213) sur les *Mœurs et coutumes... sous les rois de la branche des Bourbons* ; 3° enfin par une *Table chronologique* (i-**xxxviii**). Cette table se divise en deux sortes de tableaux synoptiques : sur le verso de chaque page, on lit : *Époques et faits remarquables*; sur le recto : *Hommes célèbres dans la guerre, la politique, les lettres, les sciences*, etc.

ce qu'indique une note de Loriquet, II, p. 2o1 : « Ceci, dit-il, s'écrivait en 1813, un an avant le rétablissement de la monarchie. » Ainsi, qu'on veuille bien le remarquer, Loriquet n'était pas jésuite lorsqu'il publia son *Histoire de France*.

Elle s'arrête à l'année 1809 et Napoléon y est nommé six fois. Voici en quels termes ; je cite intégralement (p. xxxv) : 1º Batailles de Lodi et d'Arcole, première invasion de l'Italie par Bonaparte (1), 1796 ; 2º Bataille de Rivoli, invasion du Tyrol et de l'Autriche par Bonaparte, 1797 ; 3º Invasion de l'Egypte par Bonaparte, 1798 ; 4º Journée du 18 brumaire (9 novembre), Bonaparte renverse l'autorité des conseils et établit le gouvernement consulaire, 1799 ; 5º Bataille de Marengo, troisième invasion de l'Italie par Bonaparte, premier consul, 1800 ; 6º (p. xxxvii) Bonaparte proclamé empereur sous le nom de Napoléon, puis sacré par Pie VII, 1804.

Ainsi, plus d'hésitation possible, le *marquis de Buonaparte* ne se voit nulle part, ni dans les premières ni dans les dernières éditions. Des témoins nombreux, intègres et irrécusables, l'ont constaté de leurs yeux et affirmé depuis longtemps sur leur honneur (2).

(1) Loriquet imprime toujours *Bonaparte* et non *Buonaparte*, comme le font ses adversaires, sans doute pour donner plus de piquant à leurs attaques.

(2) M. Eugène Gérusez conclut simplement : Comme

Devant cette rigoureuse conclusion, les enne-mis des Jésuites vont-ils s'avouer définitive-ment vaincus et déposer les armes? Non, pas encore.

Le 29 novembre 1864, un M. Joseph Cler-mont rentrait en scène et recommençait sour-noisement la lutte. Ses prédécesseurs dans la mélée avaient eu la maladresse d'affirmer que les Jésuites avaient supprimé une édition tout entière de Loriquet et cela trente ans après la publication de l'ouvrage, ce qui semblait abso-lument indéfendable ; lui, fut plus avisé, du moins il crut l'être.

-En avril 1864, M. H. de Riancey, dans *L'Union*, avait vengé Loriquet des sottes atta-ques lancées contre lui. M. Joseph Clermont, dans une lettre adressée *sept mois plus tard*, non pas à *l'auteur de l'article* qu'il critique, mais à Monsieur L. (*sic*), aussi rédacteur à *L'Union,* s'inscrit en faux contre l'affirmation

le plaisant qui a mis cette facétie en circulation a dû « se divertir de la crédulité des gobe-mouches qui le croyaient sur parole » ! Et maintenant encore on ren-contre de ces naïfs gobe-mouches !

du vigoureux polémiste relativement au détail qui nous occupe.

Après avoir assuré, on devine pourquoi, qu'il n'est point un ennemi des Jésuites, bien au contraire, puisqu'il va leur confier l'éducation de l'un de ses petits-fils, dont il ne donne malheureusement pas le nom, il écrit :

« Sur mon honneur, et confidentiellement de vous à moi, Monsieur, je vous certifie que le passage incriminé... *le marquis de Bonaparte*, a existé en toutes lettres dans l'abrégé du P. Loriquet (1), préfet des études à Saint-Acheul ; que j'y ai vu cette incomparable sottise *ipsissimis oculis*, ayant été prié par l'imprimeur Rusand, avec lequel j'étais familier, de relire attentivement ces deux volumes avant le tirage définitif. J'affirme donc que *tels quels* les cinq exemplaires voulus par la loi ont été déposés à la préfecture du Rhône par le prote. Il est donc bien facile aujourd'hui que, relevant le défi porté par M. de Riancey, quelqu'un *de sa part* (2) se trans-

(1) L'*abrégé du P. Loriquet* ! mais un tel ouvrage n'a jamais existé. — Sans doute M. Jos. Clermont veut parler de l'*Histoire de France*, à moins qu'il ne se soit laissé mystifier par un farceur, en prenant pour un ouvrage de Loriquet ce qui ne l'était pas.

(2) C'est le contraire que l'auteur devrait écrire, semble-t-il.

porte au dépôt général de la librairie à Paris, demande communication d'un seul exemplaire — années 1816, 1817, 1818 et même 1819 — et qu'au 2ᵉ volume in-18, il surprenne (1) l'article, objet de tant de déclamations inutiles, si elles ne sont scandaleuses.

C'est par sommation du colonel Duchamp, officier à la demi-solde, que le lieutenant général de police, M. de Sainneville, se vit forcé de faire remplacer par un carton le passage en question, mais déjà la livraison du dépôt était faite à la préfecture (2).

Joseph Clermont,

Croix-Rousse. Petite-rue des Gloriettes, 16, Lyon,
29 novembre 1864 (3).

Après avoir pris connaissance de cette lettre, tout lecteur attentif se demandera sans aucun doute entre autres choses comment il se fait que l'imprimeur Rusand, sans l'aveu de l'auteur, prie un étranger « de relire attentivement » une étude qu'il imprime, et sur les dires de cet étranger, toujours à l'insu de

---

(1) Tout cela manque de clarté.
(2) Ainsi le dépôt légal eût été fait avant le tirage ! Vraiment M. Clermont joue avec les invraisemblances !
(3) *Archives privées.*

l'intéressé, interrompe un travail commencé ;
pourquoi le « colonel Duchamp, officier à la
demi-solde », intervient en cette affaire ; en vertu
de quel droit « le lieutenant général de police
M. de Sainneville », qu'on ne s'attendait guère
à voir paraître « en cette galère », « fait remplacer par un carton » le passage en question.

Ces ignorances ou ces invraisemblances
dans le récit, toutes suggestives qu'elles sem-
blent, le sont bien moins que les remarques
qu'il me reste à formuler.

Nous avons entendu M. Clermont nous assurer que seuls les cinq volumes déposés contenaient la phrase contestée. Or, deux lignes
plus bas, oubliant ce qu'il vient d'écrire, il
nous invite à ouvrir au hasard « un exemplaire — années 1816, 1817, 1818 et même
1819 — », pour y trouver « au 2ᵉ volume
in-18 (1) » la phrase vainement cherchée jusqu'ici. Cette bévue ne suffit-elle pas à nous
montrer que nous sommes en présence d'un
mystificateur, mais d'un mystificateur mala-
droit ?

(1) Non, in-24.

J'ajoute néanmoins, pour achever d'édifier le lecteur, que cette vérification à laquelle M. Clermont nous convie, je l'ai faite à plusieurs reprises. D'abord j'ai vainement demandé communication de l'un des cinq exemplaires déposés, car personne ne les a jamais vus ; quant aux éditions 1816-1817, 1818, 1819, je les ai dépouillées et n'y ai point rencontré le marquis de Buonaparte.

Je dois avouer que je n'ai pas davantage rencontré M. Joseph Clermont.

Je m'explique.

Nous venons de voir que M. Clermont nous donne son adresse d'une façon bien précise : (29 novembre 1864), *Lyon, Croix-Rousse, Petite-Rue des Gloriettes, 16*. Ne serait-ce là qu'une nouvelle mystification? On en jugera. Assurément, me dis-je en présence d'indications si minutieuses, un homme aussi consciencieux ne pouvait être qu'un bon Français, un parfait citoyen, et comme tel attentif à ne négliger aucun de ses devoirs. Son nom doit donc se trouver sur les listes électorales : ce qui seul le mettait en état de s'acquitter d'obligations fort graves. En conséquence, j'écrivis à la mairie de Lyon en donnant tous les renseignements voulus et en priant de faire la petite vérification qui m'était précieuse. Quelques jours plus tard, je recevais la lettre suivante :

RÉPUBLIQUE FRANÇAISE
     MAIRIE DE LYON
       2ᵉ Bureau
               Lyon, le 7 décembre 1910.
    Monsieur,

En réponse à votre lettre en date du 25 novembre dernier, j'ai l'honneur de vous faire connaître que des renseignements qui m'ont été fournis par la mairie du 4ᵉ arrondissement de notre ville, il résulte que M. Joseph Clermont n'est pas inscrit sur la liste électorale de 1864 ou de 1865.

    Recevez, Monsieur,...

Inutile de m'attarder à conclure, me semble-t-il.

Le lecteur me pardonnera cette longue et minutieuse discusssion : j'ai dû suivre l'adversaire dans tous les recoins du maquis où il se blottissait désespérément. Je crois l'avoir chassé de partout.

Je conclus donc sans ambages que les ennemis de Loriquet et des Jésuites (1) ont commis une mauvaise action en lançant ou propageant une calomnie qui ne repose sur rien. Faut-il espérer qu'ils nous feront désormais grâce de cette ridicule invention ? On en peut douter (2).

(1) Il n'est peut-être pas inutile de remarquer que Loriquet, je l'ai déjà noté, n'était pas jésuite lorsqu'il composa cet ouvrage.

(2) N'avons-nous pas, en effet, entendu M. Aulard, le travailleur *privilégié* des Archives nationales, qui pourtant devait connaître quelques-uns des documents que nous avons signalés plus haut, au milieu d'une charge à fond, passionnée et injuste, contre l'enseignement de l'histoire dans les collèges anciens des Jésuites, lâcher cette ineptie : « Nous ne sommes plus au temps du P. Loriquet, les jésuites n'enseignent plus à leurs élèves que Napoléon Ier était lieutenant-général de Louis XVIII ». (*Enquête parlementaire sous la présidence de M. Ribot*, séance du 11 février 1899). — Cette incroyable légèreté, pour rester poli, lui a valu un défi public que notre audacieux s'est bien gardé de relever. C'est plus commode. Cf. *La Réponse*, avril 1909.

III

Quelques mois avant que Passy, du haut de
de la tribune, prêtât si mensongèrement à
Loriquet la phrase du *marquis de Bonaparte*,
Michelet, dans sa chaire du Collège de France,
chargeait à fond l'infortuné religieux. Le
11 mai 1843, dans une diatribe furieuse
contre les Jésuites éducateurs, il s'écriait :
« Je ne citerai qu'un de leurs ouvrages scolaires, « leur *Abrégé d'histoire de France*
(édition de 1843 ») (1), livre depuis vingt-
cinq ans répandu par millions (2), en France,

(1) Lorsqu'il imprima ses cours, il donna le titre exact :
Histoire de France à l'usage de la jeunesse, t. II, p. 342.
Il avait eu le temps de lire au moins le titre de l'ouvrage
qu'il attaquait !

(2) Comment concilier le fait de cette extraordinaire
diffusion avec ce qu'écrit un autre adversaire de Loriquet : « Le soulèvement que causa ce livre à son appari-
tion fut universel ; la nation entière se sentit insultée ! »
(Clarigny, *op. cit.*, p. 193.) — Les ennemis de Loriquet
auraient dû commencer par se mettre d'accord, en
cherchant consciencieusement la vérité toute pure.

en Belgique, en Savoie, en Piémont et en Suisse, livre si bien adopté par eux qu'ils l'ont modifié d'année en année (1), le purgeant des mots ridicules qui avaient rendu célèbre le nom de l'auteur ; ils ont laissé les calomnies, les blasphèmes contre la France... » Qu'on lise, par exemple, continue-t-il, les lignes consacrées à la bataille de Waterloo, on trouvera « partout le cœur anglais, partout la gloire de Wellington... Il faut voir les discours qu'ils lui prêtent, absurdes, insultants pour nous (t. I, p. 312). »

Voilà qui s'appelle parler net, accuser sans détours et attaquer en face.

On peut croire que lorsque le P. Loriquet lut, dans le volume imprimé de Michelet, ces imputations singulières, son premier mouvement fut de sourire et de hausser les épaules. Il comprit sans peine que son fougueux adversaire ne serait pas longtemps pris au sérieux; qu'il ne cherchait trop visiblement qu'à jeter

(1) « Et de mois en mois », note de Michelet, corrigeant sa première affirmation et grossissant son erreur : ce qui paraît ne lui point coûter du tout.

de la poudre aux yeux, et que ses éclats de voix n'avaient d'autre but que de faire passer les exagérations, dissimuler les contradictions et les faussetés qui voisinaient dans ses lignes. Il dédaigna de répondre, ignorant peut-être jusqu'où peut descendre la crédulité humaine, au moins quand il s'agit de calomnies contre les Jésuites. Pour nous, qui ne l'ignorons pas complètement, puisque, tout récemment encore (1), on rappelait ce passage du fameux professeur du Collège de France, on m'excusera d'y signaler brièvement, à la place de l'accusé, quelques-unes des inexactitudes qui le déparent.

Les pages qui encadrent le paragraphe en question seraient à lire avant tout, car elles l'éclairent singulièrement. Nous sentons en les parcourant quelle passion bouillonne au cœur de l'écrivain. On le dirait en face du Jésuite fantôme qui empêchait les bourgeois de 1840 de dormir, ou troublait leur sommeil par des

(1) Cf. *Intermédiaire des Chercheurs et Curieux,* t. 69, pp. 598, 708, 872, 921, 959; t. 70, pp. 63, 184, 317, 364, 431, 500, 649, 709, 766, 820.

cauchemars effrayants et des visions terrifiantes.

C'est pour cela, sans doute, que le singulier historien confond les élèves des collèges avec les jeunes religieux et applique aux premiers, ce qui lui donne l'occasion d'une remarque étrange, une règle faite pour les seconds seuls; pour cela sans doute encore qu'il n'a pas vu l'exagération dans laquelle il tombait, quand il affirmait que le livre de Loriquet s'était « répandu *par millions* en France, en Belgique, en Savoie, en Piémont (1) et en Suisse »; qu'on le modifiait « d'année en année », ou plutôt « de mois en mois », c'est-à-dire qu'il avait tous les ans un ou douze tirages; ce qui, probablement, est la même chose pour notre historien si précis : les nombres 1 et 12, en bonne arithmétique, étant

(1) Les Jésuites français n'ont jamais eu de collège dans ce pays. Peut-être Michelet veut-il parler de celui du Passage, près de Saint-Sébastien, qui dura quatre ou cinq ans. Rien de plus vraisemblable que cette inexactitude géographique dans notre *historien poète,* suivant l'expression fort juste de l'un de ses admirateurs.

équivalents à ses yeux, quand c'est utile pour sa thèse.

Arrêtons-nous un moment sur l'affirmation relative à la succession *annuelle* ou *mensuelle* de l'œuvre du Jésuite. Pour nous rendre compte du sérieux de cette assertion, collationnons au hasard quelques-unes des éditions. Nous constaterons, par exemple, que de 1823 à 1828, il n'y en eut qu'une ; que les volumes datés de 1823 sont identiquement les mêmes que ceux datés de 1828. Les pages commencent toutes et finissent toutes par les mêmes mots ou, plus exactement, par les mêmes syllabes (1). Ainsi en est-il pour ceux de 1836 à 1844. Dans l'espace de ces quinze ans, il y eut donc en tout deux tirages. Et Michelet en a vu quinze, si l'on se contente du renseignement donné dans son texte, et cent quatre-vingts si l'on en croit sa note. *Cent quatre-vingts* au lieu de *deux*, l'écart est sensible !

Ce n'est pas tout. Le bouillant professeur

---

(1) Loriquet affirme au surplus que son ouvrage était *stéréotypé* : ce qu'on devine d'ailleurs au premier coup d'œil.

du Collège de France assure encore que « d'année en année », ou mieux « de mois en mois » les Jésuites « purgeaient » l'ouvrage de Loriquet « des mots ridicules qui avaient rendu célèbre le nom de l'auteur ».

Voulons-nous savoir ce qu'il faut penser de cette nouvelle allégation? Ouvrons le livre et comparons le texte des diverses éditions de l'*Histoire de France*.

Prenons, par exemple, les cinquante pages consacrées à l'Empire, pages d'où les adversaires tirent presque toutes les citations qu'ils reprochent au Jésuite; nous constaterons qu'en l'espace de vingt-deux ans on a fait effectivement une quinzaine de modifications dans ce long chapitre (1). Mais que sont ces corrections? J'en relève quelques-unes.

$\big\{$ 1823 les bombes obligèrent... *de se réfugier...*, p. 317.
$\big\{$ 1844   —   —   *à se réfugier...*, p. 290.
$\big\{$ 1823 au fond de ces retraites *infectées...*, p. 317.
$\big\{$ 1844 — — — — *infectes...*, p. 291.

(1) Il serait par trop ridicule de reprocher à Loriquet d'avoir cherché de la sorte à perfectionner son œuvre. Quel est l'auteur qui ne le fait pas quand il le peut ?

{ 1823 *C'est* à cette époque..., p. 320.
{ 1844 *Ce fut* à cette époque..., p. 293.
{ 1823 Une grande révolution devait..., p. 339.
{ 1844 Une révolution devait..., p. 312.
{ 1823 Aux cris répétés d'*abas le tyran*..., p. 336.
{ 1844 — — — de *à bas le tyran*..., p. 341.

Toutes les autres modifications sont de même nature; pas une n'a plus d'importance.

Vraiment, en présence de pareils changements, ne doit-on pas juger que Michelet avait bien raison de parler de « mots ridicules » dont on « purgeait » l'œuvre du Jésuite (1), et les admirateurs de l'historien-poète ne sont-ils pas en droit de répéter ces énormités découvertes par leur patron, sans même prendre la peine d'ouvrir l'ouvrage qu'ils calomnient ?

Michelet assure ensuite qu'à Waterloo Lori-

---

(1) Une vétille encore. Michelet, pour rendre tout l'Ordre responsable du *crime* de Loriquet, et justifier ses risibles emportements, affirme que ces modifications étaient le fait des Jésuites en général et non du *coupable* seul. Or on lit, par exemple, de 1823 à 1828, sur chacun des volumes : *Huitième édition, revue, augmentée et corrigée par* L'AUTEUR.

quet prête à Wellington « des discours absurdes, insultants pour la France », et il renvoie, comme pour nous en imposer par son érudition, à la page de l'ouvrage du Jésuite, dans laquelle il a lu ces inconvenantes élucubrations oratoires (t. II, p. 312).

Je me reporte avec empressement à l'endroit indiqué, et je remarque avec quelque étonnement qu'il n'y a pas *des discours* mais ces simples mots, qui vraiment n'ont rien de bien insultant pour notre pays : « Soldats, dit le général anglais avant la bataille, souvenez-vous que vous êtes les frères des braves de Trafalgar et que vous avez devant vous les vaincus de Salamanque. » C'est tout. On avouera qu'en fait de *discours absurdes, insultants*, c'est plutôt maigre, et que s'il manque ici quelque chose au poète du Collège de France, ce n'est pas du moins l'imagination créatrice, et l'aplomb dans l'affirmation.

Michelet dit encore : dans le livre de Loriquet « partout la gloire de Wellington », partout notre vainqueur est exalté. Cette fois notre exact et consciencieux historien a négligé de

donner même une seule référence. Pourquoi?
— Force est donc de lire plusieurs pages
entières, toutes celles où le Jésuite a dû parler du général anglais. Or l'on constate que
Wellington est nommé en quatre endroits,
trois fois sans un mot d'éloge, avec la mention, en moins d'une ligne, de ce qu'il a fait;
la quatrième fois avec les mots louangeurs
suivants : Wellington « ne savait pas seulement vaincre, il savait aussi profiter de ses
victoires ». C'est tout ce qu'obtient le vainqueur de Napoléon Ier. Est-ce suffisant pour
qu'on puisse dire : dans le livre du Jésuite
« partout la gloire de Wellington »? Le lecteur jugera.

Mais, au fait, il y a peut-être à ces exagérations qui nous surprennent une explication
dont Michelet lui-même suggère l'idée (1).

(1) « Dans l'édition qu'ils (les Jésuites) ont faite en
juin, ils ont supprimé le passage que je citais au Collège
de France, d'après une édition de janvier ou de février. »
— Sans aucun doute, cette suppression vaut celle de la
phrase du « marquis de Bonaparte » que tout dément,
on le sait. En tout cas, l'un de ses admirateurs, il en a
peut-être encore, rendrait un véritable service aux éru-

Les textes de ces discours insultants, **textes** qu'il a vus, de ses yeux vus, et que personne n'a rencontrés depuis ; les éloges dithyrambiques qui l'ont scandalisé et que nul n'a lus sinon lui, mais ces malins de Jésuites, par un tour de passe-passe, les ont fait subitement disparaître des *millions* (1) de volumes qui les contenaient. Ils n'ont eu qu'un mot à dire et cette masse d'exemplaires qu'ils avaient semés pendant vingt-cinq ans dans tous les coins et recoins de la France, de la Belgique, de la Suisse, de la Savoie et du Piémont, leur ont été rendus pour qu'ils les détruisent ou les corrigent, et l'opération a si bien réussi qu'il n'est resté qu'un seul exemplaire, celui que Michelet avait entre les mains, et qui, malheureusement, a disparu depuis à son tour sans

dits en leur disant où se cachent les éditions de janvier ou de juin 1843, et de plus quel est au juste le passage supprimé. Pour moi, j'ai cherché et je n'ai point trouvé.

(1) On se souvient que c'est Michelet lui-même qui nous donne ce chiffre. L'un de ses alliés contre les Jésuites a calculé un peu différemment et n'a compté que « 100.000 exemplaires de ce livre, mis en circulation » (Clarigny, *op. cit.*, p. 193).

qu'il soit possible de le retrouver. C'est un vrai miracle, mais miracle de telle nature qu'on ne saurait être étonné de voir le dévot professeur et ses amis y ajouter fermement créance (1) : la haine du Jésuite leur donne la foi, et quelle foi vigoureuse!

Je ne sais si les applaudissements de ses auditeurs et les félicitations du *Journal des Débats* firent illusion au fougueux orateur sur le sérieux de son enseignement et le bien-fondé de ces attaques; ce qui, du moins, est certain, c'est qu'actuellement de tels procédés de polémique paraîtront misérables à qui réfléchit, et de telles leçons indignes de qui se respecte.

Michelet pourtant ne s'en est pas tenu là.

On sait, dit-il, toujours à propos du même passage, que « les débris de la garde impériale » refusèrent de se rendre. Or, après avoir constaté le fait, l'histoire des Jésuites ajoute : « On vit ces forcenés tirer les uns sur les

(1) M. Clarigny notamment y croit presque aussi fermement que Michelet (Cf. *op. cit.*, p. 193).

autres et s'entre-tuer sous les yeux des Anglais. » C'est ainsi, continue un de ses émules, que « Loriquet *insulte* notre armée sur le champ de bataille de Waterloo et *triomphe* avec les Russes, les Anglais et les Prussiens (1) ».

Telle est la nouvelle accusation portée contre l'historien jésuite : il affirme que des soldats français, pour ne point tomber vivants entre les mains des vainqueurs, se tuèrent les uns les autres et il ose les en blâmer. Voilà le forfait qu'il nous faut apprécier de sang-froid.

Avant tout, une question se pose, qu'il est

(1) F. Génin, professeur à la Faculté des lettres de Strasbourg, *les Jésuites et l'Université*, p. 3o1. Je cite quelques lignes de cet écrivain pour donner une idée de sa *manière*. « On avait banni les Jésuites ; ils ont rompu leur ban ; ils sont là au milieu de la société prêts à se venger d'elle ; insolents, impudents, l'œil en feu, la menace et l'anathème à la bouche... ; ils envahissent les salons, les cathédrales... ; ils sont propriétaires à Lyon, à Paris, à Toulouse, Grenoble, etc... Ils glissent, ils rampent, ils escaladent où la séduction ne peut atteindre, ils triomphent par l'audace... ; ils se renient et ils se proclament... etc. » Et l'auteur continue, toujours tout aussi inquiet, effrayé, affolé. Vraiment, on le serait à moins... en présence de tels fantômes.

nécessaire de résoudre : le fait de désespoir ainsi relaté est-il exact, et Loriquet, en historien consciencieux, a-t-il pu l'admettre?

Tout récemment, un érudit, adversaire fougueux, lui aussi, du Jésuite, s'est vu contraint d'étudier ce détail : ce qu'il avait oublié de faire jusque-là, bien qu'il se fût prononcé nettement contre l'auteur de l'*Histoire de France*. Il a consulté à la Bibliothèque nationale, nous dit-il, sept ouvrages différents pour s'éclairer sur ce point. Or, il est arrivé à ce résultat, qui n'a dû lui plaire que modérément : il constate que pas un de ces divers écrivains, dont certains « ont une grande notoriété », n'a nié le fait lui-même ; que trois, au contraire, et notamment M. Houssaye, le plus récent et le mieux documenté, l'ont admis et rappelé (1).

Une première conclusion s'impose donc : Loriquet, en racontant un épisode attesté par de sérieux annalistes, n'a fait que son devoir d'historien et n'en peut être blâmé.

---

(1) Cf. *Intermédiaire..., ut supra*. — H. Martin signale, lui aussi, dans les rangs de la garde, des actes de désespoir, mais d'une nature un peu différente.

Mais ne voyez-vous pas, crie M. Génin, je l'indiquais tout à l'heure, qu'en agissant ainsi il insulte nos soldats? — Vraiment non, je ne le vois point. — Vous conviendrez, au moins, qu'en révélant cet acte de désespoir, il commet un crime de lèse-patrie, et montre évidemment qu'il n'aimait point la France. — Je ne le vois pas davantage, et si vous daignez m'accorder un moment d'attention, je justifierai sans peine mon appréciation.

On concédera sans difficulté dans le camp des amis de la Révolution, camp où ni les Jésuites, ni Loriquet ne comptent de trop chauds partisans, que les hommes de la Convention aimaient nos soldats et plusieurs même la patrie, quoique parfois d'une étrange manière. Écoutons-les et après eux tous ceux qui ont écrit sur cette époque, dévoiler les vices et les laideurs de nos troupes. Combien le fait relaté par Loriquet paraîtra insignifiant en comparaison de ce que nous entendrons!

Le jeune Jullien, dans une lettre à Robespierre, disait des chefs de l'une de nos armées : « Dans cette ville de (Nantes), on ne coudoie que généraux fiers de leurs épaulettes et bordures en or au collet, riches des appointements qu'ils volent, éclaboussant dans leurs voitures les sans-culottes à pied. On ne les trouve... qu'au spectacle, dans les fêtes ou repas somptueux qui insultent à la misère publique (1). »

Ce jugement sévère était confirmé par celui d'une société populaire qui, certes, ne croyait pas commettre ainsi un crime contre la patrie. Ce que sont les généraux à ses yeux, le voici : des « reptiles d'antichambres, tyrans dans l'ivresse, qui, à la tête de nos armées, n'affichent, lorsqu'ils viennent combattre pour l'égalité, qu'un luxe, qu'une arrogance, une ivrognerie et une poltronnerie révoltantes (2) ».

Après les généraux, les soldats.

Nos soldats, trop souvent, ce sont des lâches que le seul mot « voilà les brigands » suffit

(1) *Archives départementales de la Loire-Inférieure*, L, 360.

(2) 26 pluviôse an II, *Arch. nat.*, AA, 42.

à mettre en déroute, et j'ai vu des bataillons entiers « saisis de terreur » s'enfuir sans combattre (1) en l'entendant. Ce sont encore des voleurs qui n'ont « d'autre but que d'attraper ici un habit qu'ils vendent à six lieues de là, là des souliers qu'ils revendent sur-le-champ (2) ».

Quant à l'immoralité de ces troupes, Carnot la peint en termes si crus qu'on ose à peine les reproduire : « Un fléau terrible détruit nos armées, c'est le troupeau de femmes et de filles qui sont à leur suite. Il faut compter qu'il y en a autant que de soldats; les casernes et les cantonnements en sont engorgés, la dissolution des mœurs y est à son comble... A Douai, où nous avons vu dans le temps la garnison réduite à trois cent cinquante hommes, il y avait près de trois mille femmes dans les casernes, au point qu'il n'y avait pas une place vide pour les nouveaux

____

(1) Turreau au ministre, 26 messidor, *Ministère de la guerre*, armée de l'Ouest.
(2) *Arch. nat.*, A F 11, 273, 2239, 3.

corps qui revenaient de l'armée de Dumou-
riez (1). »

Voilà ce qu'on lit à chaque pas dans les
dépêches officielles, arrivant de toutes les
armées ; voilà ce qu'ont écrit les plus purs
des révolutionnaires et répété tous les historiens impartiaux. Devant de pareilles affirmations, que sont les lignes reprochées à Loriquet, je le demande à tout esprit équitable ?
Et pourtant, au jugement de nos critiques
incorruptibles, les conventionnels que nous
venons d'entendre, comme les historiens
qui les ont suivis, sont des patriotes intègres,
des annalistes consciencieux ; le Jésuite, lui,
un calomniateur de nos armées qu'il « insulte » sans vergogne et « blasphème » avec
joie ; un odieux pamphlétaire dont « la ten-
dance antifrançaise » est évidente, du moins
dans ce passage (2). « Malheureux, lui crie

(1) *Ministère de la guerre*, armée du Nord, avril 1793.
(2) C'est là une pure calomnie que dément le contexte.
Loriquet est si peu hostile à notre armée qu'il va jusqu'à
admettre l'authenticité de la fameuse réponse : *la garde
meurt et ne se rend pas*, et l'enregistre sans commen-
taires. — Mais voici qui montre plus clairement encore

Michelet, s'adressant à tous les Jésuites, que vous connaissez peu la génération héroïque que vous calomniez au hasard…! Si peu que vous ayez de prudence, ne parlez jamais de ces hommes, jamais de ces temps! Taisez-vous sur tout cela (1)! »

Noble indignation, sans doute, mais combien peu justifiée; généreux conseil, mais combien inopportun et impudent! Vraiment le triste mari de l'infortunée Pauline Rousseau et le père insouciant de Charles Michelet oubliait trop ce qu'il était et qui il apostrophait.

Je veux croire, néanmoins, que ce n'est pas pour avoir blâmé le suicide que Loriquet s'est vu malmener de la sorte. On ne pouvait cepen-

ses vrais sentiments à l'endroit de nos soldats. L'exactitude historique l'ayant contraint d'avouer que le pillage ne leur était pas toujours inconnu, il corrigeait son affirmation qui pouvait sembler trop générale par les lignes suivantes : « Est-il besoin d'avertir le lecteur que tant d'excès étaient le crime non des corps, mais des individus, et qu'à toutes les époques on compta dans les armées françaises un grand nombre d'hommes étrangers aux horreurs de la Révolution ? » *Histoire de France,* t. II, p. 325 (8ᵉ édit.).

(1) *Des Jésuites,* p. 58-60.

dant pas attendre d'un prêtre qu'il le glori-
fiât : il eût été en désaccord non seulement
avec tous les catholiques et les philosophes
spiritualistes, mais encore avec les païens les
plus connus et les libres penseurs les plus
fameux : Voltaire, Rousseau, et leurs disciples.
On doit même ajouter que ceux qui admet-
tent quelques exceptions à la loi générale qui
proscrit ce crime, eussent énergiquement
blâmé l'acte de désespoir dont il s'agit. C'est
à des soldats armés pour la défense de la
patrie que s'applique sans nul doute le mot
de Rousseau : « Il est des devoirs envers
autrui qui ne permettent pas de disposer de
soi-même (1)... » Où est le « vertueux patriote
qui veut répandre son sang en désespéré » ?
Les soldats vraiment dignes de ce beau nom,
continue-t-il, savent qu'ils « doivent à la
patrie leur sang, leur vie et leurs derniers
soupirs, et la honte ni les revers ne pourraient les détourner de ce devoir sacré ».
Qu'ils meurent donc, s'il le faut, face à l'en-

(1) *Nouvelle Héloïse*, 3ᵉ partie, lettre XXI.

nemi, dans la mêlée sanglante : toute **autre** mort « est honteuse et furtive (1) ».

Ainsi parle Rousseau, ainsi juge Loriquet : sur ce point, il y a parfait accord entre le philosophe libre-penseur et le Jésuite. D'où vient donc, et cette remarque s'impose de nouveau, d'où vient que nos savants admirent là ce qu'ils blâment ici ; relèvent avec indignation chez l'un ce qu'ils taisent obstinément chez l'autre ? De telles inconséquences n'ont-t-elles pas leur éloquence ?

Sans doute, Loriquet qualifie de *forcenés* ces quelques soldats oublieux de leur devoir. Le mot est énergique, je le veux bien ; l'est-il trop pourtant ? L'est-il du moins beaucoup plus que celui de *furieux* employé par Bossuet en pareille circonstance ? Qu'on se souvienne encore, pour juger équitablement le Jésuite, que Voltaire, en présence du cadavre d'un suicidé, parle de « férocité, de frénésie », Rousseau d'action honteuse et de larcin ; et combien même prononcent le mot de folie.

(1) *Ibid.*, lettre **XXII**.

Or, admirons la logique des ennemis de Loriquet : seul, il est traîné courageusement aux gémonies, alors que les autres — vît-on même un évêque dans leurs rangs — sont excusés et respectés ; et s'il faut à tout prix manifester quelque désapprobation, on le fait par le silence et les réticences calculées, tandis qu'on déverse à flots le blâme et l'injure sur l'auteur de *l'Histoire de France*, ce pelé, ce galeux indigne de toute bienveillance, comme de toute équité. Devant tant d'injustice, n'est-ce point le cas de répéter la parole de l'un des adversaires de Loriquet : « A quoi bon s'indigner, mieux vaut rire de ces sottises ? »

Il n'est pas inutile de noter encore, que le mot *forcené* ne semble pas avoir pour Loriquet un sens aussi défavorable qu'on pourrait le croire : ce qui le prouve, c'est qu'il applique cette épithète aux Vendéens, à deux reprises au moins, et une fois pour indiquer uniquement qu'ils se battirent avec un acharnement extraordinaire (1).

(1) *Histoire de France*, 8ᵉ édition, pp. 266 et 268.

IV

Je me suis longuement attardé sur cette page : la raison en est que, suivant le mot d'un admirateur inconfusible de Michelet et agresseur récent du Jésuite, là est le « point véritable du débat », là le plus compromettant des textes qu'on apporte contre lui (1). Quant aux autres citations extraites de l'*Histoire de France*, comme elles ne nous offrent que de purs détails de beaucoup moins suggestifs (2), surtout moins communément allé-

(1) Qu'on ne croie pas qu'en réfutant Michelet, je me suis donné la vaine satisfaction de tuer un mort. N'avons-nous pas vu, tout dernièrement, un adversaire de Loriquet s'appuyer triomphalement sur cet écrivain, lui emprunter ses armes rouillées, sans se douter qu'elles étaient de la plus mauvaise trempe ? — Comme il est curieux, n'est-il pas vrai, de constater, en passant, que les ennemis des Jésuites n'aient, depuis soixante ans, rien trouvé de nouveau contre eux, et qu'ils soient forcés, pour les combattre, d'aller chercher quelques vieux tronçons d'épées dans les arsenaux de 1840 ?

(2) Michelet lui-même est descendu jusqu'à exploiter contre Loriquet une page de son histoire contenant une dissertation sur les perruques !

gués contre Loriquet, je ne les discuterai que brièvement, me contentant même, pour quelques-uns, d'une simple réfutation générale.

On lui reproche d'abord d'avoir écrit qu'à son retour de l'île d'Elbe, Napoléon Ier n'osa faire « en plein jour » son entrée dans Paris, « mais attendit la nuit et se glissa dans les Tuileries à la faveur des ténèbres » ; qu'en second lieu, la joie de son arrivée se manifesta chez ses partisans par les cris de « Vive l'enfer ! à bas le paradis ! » mêlés à ceux de « Vive l'Empereur ! »

Relativement au premier fait, il suffira de remarquer que Loriquet parle comme les contemporains, et, à bon droit, ce n'est pas douteux (1).

Quant à l'assertion concernant les blasphèmes signalés tout à l'heure, ceux qui en font un crime au Jésuite auraient bien dû com-

(1) Napoléon « entra furtivement à Paris ». Masselin, *Instruction sur l'histoire de France*, 29ᵉ édit., p. 292. — « Il entra aux Tuileries le 20 au soir », dit H. Martin, résumant ainsi les affirmations de ses contemporains, *Histoire de France*, t. IV, p. 136. Cf. Dareste, t. IX, p. 50 ; Anquetil, t. XIV, p. 87.

mencer par en prouver la fausseté. S'il n'y a là qu'une haineuse invention de l'historien, pourquoi ne le montrent-ils pas? Pourquoi se contentent-ils de se voiler la face et de lâcher cette banalité : « Tout commentaire est superflu »? Tout commentaire est superflu ! d'accord; mais une démonstration d'inexactitude dans l'affirmation du Jésuite ne le serait pas (1), et nous l'attendons, avant d'applaudir à l'indignation bruyante de ses adversaires. En tout cas, il est malheureusement certain que les populations de l'Europe, que nos troupes scandalisèrent trop souvent par leurs impiétés, leurs sacrilèges et leurs profanations, ne se seraient pas levées pour témoigner que de tels blasphèmes étaient invraisemblables en ceux à qui on les prêtait (2).

(1) Loriquet assurait avoir entendu lui-même ces cris horribles sortir de la bouché de nos soldats. Pourquoi douterait-on de sa parole?

(2) H. Martin constate lui-même que Napoléon était effrayé de l'atmosphère révolutionnaire qui l'enveloppait, et l'on sait si tout ce qui touchait à la Révolution allait sans impiété, *Histoire de France*, t. IV, 145. — De plus, à tort ou à raison, on unissait dans la même haine ou le même amour la monarchie légitime et l'Église.

Terminons par une dernière citation qu'on vient de relever contre le Jésuite historien. En 1317, dit-il, « les princes mahométans s'adressèrent aux juifs pour empoisonner toutes les fontaines et tous les puits du royaume... Les juifs n'osèrent exécuter le complot. Ils en chargèrent les lépreux, qui, séduits par l'argent, se laissèrent gagner et empoisonnèrent toutes les eaux de Guyenne et du Poitou. »

Ces phrases de l'*Histoire de France* jetèrent récemment l'un des ennemis de Loriquet dans un tel ahurissement qu'il perdit du coup, nous apprend-il, même la force de s'indigner. Vraiment, ce fut un bonheur pour ce brave homme, car en s'indignant, il eût visiblement souligné son ignorance ou sa légèreté. Il oublie, en effet, que Loriquet, en parlant comme il l'a fait, redit ce que les historiens les mieux informés avaient affirmé jusqu'ici (1); ce que les chroniqueurs con-

Enfin, il n'est plus douteux maintenant que le complot, qui ramena Napoléon, n'ait été fomenté par la franc-maçonnerie.

(1) Cf. H. Martin, *Histoire de France*, édition Furnes, IV, 545 ; Gouet, *Le Tiers-État*, 248 ; *La courte Chronique*

temporains avaient consigné dans leur précieux manuscrits; ce que Michelet lui-même déclare n'être pas dénué de vraisemblance, au moins partiellement ; « la culpabilité des juifs est improbable, dit-il... l'usure leur fournissait une vengeance plus utile. Quant aux lépreux, le récit n'est pas si étrange que l'ont jugé les historiens modernes, de coupables folies pouvaient fort bien tomber dans l'esprit de ces tristes solitaires (1). »

Voilà donc Michelet dépassé et contraint de témoigner, sans le savoir, en faveur de Loriquet, contre les adversaires du Jésuite. N'est-ce pas tout au moins curieux ?

V

Il serait aisé de réduire ainsi successive-

française, publiée par Douet d'Arcq, I, 11 ; la *Chronique parisienne anonyme*, dans les *Mémoires de la Société de l'Histoire de Paris et de l'Ile-de-France*, XI (1884), p. 57 ; la *Chronique liégeoise de 1402*, publiée par Bacha, Bruxelles, 1900, p. 283 ; etc.

(1) *Michelet*, t. IV, p. 137-141. Cf. *Intermédiaire des chercheurs et curieux*, 30 novembre 1909, note de M. Hyrvoix de Landosle.

ment à néant les autres affirmations qu'on s'est permises si légèrement contre l'exactitude de l'*Histoire de France* ; de justifier, au moins d'expliquer les appréciations dont on fait grief à l'auteur ; toutefois, pour ne point fatiguer le lecteur, on peut se contenter de la remarque générale suivante, dont tous sentiront la valeur et le poids.

Pour juger sainement une œuvre historique, il faut se reporter, par l'intelligence et la réflexion, à l'époque de sa composition, étudier les mœurs et les usages du temps ; il faut se demander quelles étaient les idées courantes, quels les sentiments, les appréciations, en mot la mentalité des contemporains de l'auteur ; il faut écouter leurs conversations, les entendre parler sur les hommes et les choses. On ne peut, sans injustice, accuser violemment quelqu'un de n'avoir point devancé ou corrigé son siècle. S'il l'a fait, on l'en louera ; s'il ne l'a point fait, on l'excusera ; du moins, on saura comprendre ses torts, expliquer ses fautes, éviter toute hyperbole dans le blâme, toute aigreur excessive dans le reproche. Or, dans les dernières années de l'Empire, après les désastres de Russie surtout, c'est-à-dire au moment même où le futur Jésuite rédigeait son ouvrage, que pensait la majorité de la nation de celui dont les victoires, si glorieuses qu'on les suppose, se payaient toujours finalement par des flots de sang français? Que disaient tout bas, dans l'intimité, les jeunes gens menacés de la conscription, les pères et les mères qui comptaient déjà tant de places vides au foyer et craignaient à bon droit de les voir se multiplier encore? On le sait; d'ailleurs, les échos de ces plaintes, des murmures et des malédictions du grand nombre, se sont prolongés jusqu'à nous.

Écoutons un instant l'écrivain le plus illustre du temps; il nous dira comme l'on jugeait celui qu'on accuse Loriquet d'avoir outragé. Aux jours de Bonaparte, dit Chateaubriand, « les crimes, l'oppression, l'esclavage marchèrent d'un pas égal avec la folie... Toute liberté expire; tout sentiment honorable, toute pensée généreuse deviennent des cons-

pirations contre l'État... Louer une belle action,
c'est faire injure au prince (1)... On vante
l'administration de Buonaparte... ; (de fait) il
est impossible de mieux organiser le mal, de
mettre plus d'ordre dans le désordre (2). »
Voilà sa grande habileté.

Et Chateaubriand remplit vingt-cinq pages
de pareilles appréciations. Par contre, quand
il en arrive aux Bourbons, c'est un vrai
dithyrambe éloquent et passionné.

Auprès de tels élans, qu'on ne songe même
pas à reprocher à leur auteur, que sont les
lignes calmes et modérées du Jésuite ? Il avait
lu pourtant cette brochure enflammée avant
la publication de son ouvrage ; il sut, malgré
cela, garder son sang-froid et, pour l'ordinaire, se défendre des hyperboles. On comprendra s'il eut un vrai mérite à le faire, quand
on se rappellera que les admirateurs de Chateaubriand, les propagateurs de son écrit
étaient légion et que bientôt ses idées furent

(1) *De Buonaparte, des Bourbons* (1814), p. 13.
(2) *Ibid.*, p. 17.

celles de tout le monde (1), à l'exception des militaires en demi-solde et d'anciens révolutionnaires incorrigibles. Il vit dans une atmosphère de haine pour Bonaparte, d'enthousiasme pour les Bourbons, et il évite tout excès appréciable. Voilà ce qu'on oublie et ce dont pourtant l'on devrait se souvenir, quand on juge son œuvre.

Loriquet aurait d'autant plus de droit à cette justice que plusieurs des manuels histori-

(1) Bonaparte regarde toujours « une créature humaine comme un fait, comme une chose et non comme un semblable ». Mme de Staël, *Considérations sur la Révolution française*, IIIe partie, chap. XXVI; IVe partie, chap. XVIII. — « N'ayant jamais connu la sensibilité, je fus ingrat envers mes bienfaiteurs et j'ai toujours méconnu le sentiment de la reconnaissance. *Dernière confidence de Bonaparte*, p. 2... Mon orgueil était sans bornes... Je fis le malheur de l'univers, j'en appelle à toutes les nations dont je fus le fléau. » (*Ibid.*, p. 3.) — Napoléon vient d'être si longtemps « le fléau de la France et de l'Europe ». *Sermon d'action de grâces pour le retour de Louis XVIII*, par le pasteur Rabaut-Pomier. — Lire l'article de Benjamin Constant dans le *Journal des Débats* du 19 mars 1815.

Voir, par contre, l'éloge enthousiaste de Louis XVIII par le susdit pasteur Rabaut-Pomier, par son collègue Monod, et nombre d'écrits de l'époque.

ques parus en ces jours de réaction ressemblent fort au sien, quand ils ne lui sont pas visiblement inférieurs en modération et en impartialité. En voici deux au hasard. C'est, d'abord, l'*Histoire de France représentée par tableaux synoptiques et par soixante-dix gravures, employées pour les Enfants de France* (1), ouvrage destiné à tous, bien entendu, et auquel la vogue ne manqua pas. Les faits y sont, il est vrai, exactement rappelés, dans l'ordre chronologique; pourtant qui ne connaîtrait l'histoire que par cette œuvre saurait à peine qu'il y eut naguère un Napoléon Ier (2), surtout qu'il gouverna la France pendant près de quinze ans. Par contre, il aurait appris que Louis XVII commença son règne en 1793 et le termina vingt-neuf mois plus tard, que Louis XVIII lui succéda en 1795 et régna vingt-neuf ans; que Louis XVI est le soixante-septième de nos rois, Louis XVII, le soixante-

____

(1) Par M. Colart, Paris.
(2) Nos universitaires actuels seront encore plus radicaux. On cite une *Histoire de France* où ni Richelieu ni Louis XIII ne sont nommés par l'un d'eux.

huitième, et Louis XVIII, le soixante-neuvième.

L'*Instruction sur l'Histoire de France* par le continuateur de Le Ragois (1) est plus encore, peut-être, un panégyrique des Bourbons. Il suffira, pour s'en convaincre, de lire le jugement porté sur Louis XVIII, à la fin du chapitre qui lui est consacré : le tableau est si brillant que l'œil le plus exercé n'y découvrira aucune tache.

Loriquet, il est facile de le constater, se contentait donc d'être à peine à l'unisson de son siècle (2). Pourtant lui seul est attaqué, lui seul

(1) Masselin, 8ᵉ édition, Paris, Delalain, 1829. — Voir également : 1° *Historia Franciæ compendiose disposita, latino sermone donata, tabula præeunte chronologica...* Tours, chez Mame imprimeur-libraire, 1819, 3 vol. in-12 ; 2° *Histoire abrégée de l'Église*, P. J. L.

(2) Relativement au « *marquis de Buonaparte* » spécialement, qu'on me permette à la hâte d'appuyer cette assertion des quelques citations suivantes. Le 16 floréal an IX, Bernadotte écrivait de Bretagne à Bonaparte : « Tous les prêtres insoumis disent aux paisibles habitants des campagnes que vous n'êtes que le vice-roi » (*Arch. nat.*, AF¹⁴ 1590, IV, pièce 108); et le général Gilly : « Quelques-uns des prêtres avaient soin de répandre parmi le peuple que Bonaparte n'était que le vice-roi » (*Arch. de la guerre*, Armées de l'Ouest, 3 avril 1800). — Je lis également dans l'ouvrage de l'abbé Grey, principal

accusé, et en quels termes, nous le savons (1),
avec quelle fougue, nous l'avons vu !

VI

Mais qui sont donc, pour l'ordinaire, et je
termine par cette remarque, ceux qui se permettent de le traîner dans la boue et se cou-

du collège de Tours, cette phrase latine : « Ludo-
vico XVIII regnante, *rempublicam administrante Buonaparte sub imperatoris nomine...* » Voilà donc au moins
un détail à propos duquel Loriquet ne pouvait répéter
le mot si connu :

 « Voilà ce que l'on dit, et que dis-je autre chose ? »

puisque personne n'a prouvé qu'il ait jamais parlé de
la sorte, alors que d'autres le faisaient publiquement.

(1) « Loriquet n'a jamais assez de *mensonges* pour tra-
vestir les faits, assez *d'injures et de calomnies* contre les
grands hommes qui ont rendu la France honorée. » On
conçoit s'il est sage d'aller chercher la vérité dans des
pages dont l'auteur s'abaisse jusqu'à ces insultes, abso-
lument injustifiées d'ailleurs. Cf. Génin, *les Jésuites et
l'Université*, p. 301. — M. Claretie, à son tour, donne
Loriquet « comme l'exemple vivant de ce que l'esprit de
parti enfante, invente de légendes, de calomnies et de
mensonges » (Cf. *La Révolution française*, avril 1904,
t. 46, p. 295). Les injures sont décidément dans le ton
de ces brûlants amis de la vérité !

vrent la face devant ses prétendues injustices?
Ont-ils le droit de se montrer aussi sévères,
aussi pudibonds? Surtout sont-ils tels qu'il
soit prudent de se fier à leurs affirmations?

On voudra bien se souvenir avant tout, je
dois le rappeler encore, que la plupart d'entre
eux n'ont jamais parcouru, même à la hâte,
les petits volumes du Jésuite, sinon peut-être
dans le dessein de le prendre en défaut, qu'il
leur a paru suffisamment scientifique de se
copier les uns les autres, sans remonter aux
sources.

Qu'on prenne, au surplus, la peine d'en-
tr'ouvrir les livres qu'ont produits ces impec-
cables et sévères critiques, ou ceux auxquels
ils applaudissent sans réserve. Que d'énormités on y pourra cueillir à pleines mains,
énormités auprès desquelles les quelques
légères outrances de Loriquet ne sont que
bagatelles insignifiantes. Nous les verrons, ces
incorruptibles, abîmés dans le respect le plus
touchant, charger de lauriers « les grands ancêtres », ces grands ancêtres fussent-ils Lebon,
Collot-d'Herbois, Billaud-Varenne, Chaumette,

Legendre, le Père Duchêne, Carrier et cent autres tout aussi méprisables ; nous les entendrons parler avec componction « des vertus de Robespierre », du noble « cœur de Marat », de la « grande mémoire de Fouquier-Tinville » ; nous constaterons qu'ils n'ont qu'éloges souvent enthousiastes pour « la grande époque », c'est-à dire pour celle des massacres de Septembre, des noyades de Nantes, des fusillades de Lyon, de Toulon et d'Angers, pour celle où la guillotine restait en permanence dans la plupart de nos villes, où, à Paris, trente malheureux, en moyenne, montaient chaque jour à l'échafaud, plusieurs mois de suite.

Tels sont, en toute vérité, la plupart de ceux qui n'ont qu'anathèmes pour Loriquet et ne peuvent contenir l'indignation qui menace de les étouffer devant ses inoffensives exagérations. Et ce qui achève de faire connaître ces gens-là, c'est qu'ils se targuent d'impartialité et se donnent, à la face de l'univers, pour des modèles de critique sereine et objective (1). —

(1) Il serait facile d'aligner des noms. Je me contente

L'un de ceux-là écrivait, il n'y a pas longtemps, dans *la Révolution française* : « Ce sera
l'honneur de notre temps, et c'est la règle de
notre société (celle dont le président est
M. Aulard), d'aller droit à la vérité, de la chercher et de la dire, sans autre passion que
cette lumineuse vérité elle-même. »

C'est donc pure équité de conclure sans
détours : au milieu d'appréciations modérées
sur des points où Loriquet ne pouvait manquer
d'être chatouilleux, se rencontrent, parfois,
certains jugements sévères (1), contestables
même, diront quelques-uns, des affirmations
hardies peut-être, mais dont les adversaires
n'ont jamais démontré la fausseté. Il n'est
que juste de constater encore que ces outrances de l'historien, fort rares au demeurant,
sont plus de l'époque que de l'homme et que,

de citer M. Aulard n'ayant que sévérités pour Loriquet,
applaudissements ou excuses pour Danton, par exemple;
Danton, le ministre de la justice lors des journées de
Septembre ! — Évidemment, il est bien inutile de parler
de Michelet et de Quinet dont les écrits sont connus.

(1) Loriquet lui-même, dans sa vieillesse, le reconnaissait noblement.

si elles se fussent trouvées ailleurs que dans le livre d'un Jésuite, on n'aurait pas plus songé à les y relever qu'on ne l'a fait en cent autres endroits; que du moins elles seraient depuis longtemps oubliées. En tout cas, il est incompréhensible que les mêmes critiques, — et ceci, en nous donnant le degré de sérieux de leurs censures, nous indique le cas que nous devons en faire, — s'indignent devant des vétilles et se taisent devant des énormités; qu'ils reprochent avec une extrême dureté à l'adversaire ce qu'ils pardonnent à l'ami avec une déplorable facilité; que ces nouveaux puritains ne rougissent pas d'étaler une évidente partialité, tout en criant à pleine voix que la loyauté et la vérité sont les seules divinités auxquelles il veuillent sacrifier jusqu'à leur dernier souffle.

VII

Loriquet avait plus de 75 ans lorsque Michelet et Passy ameutaient contre lui l'opinion publique. Évidemment les coups qu'ils lui portaient, si maladroitement assénés qu'ils fussent, ne pouvaient manquer de le faire souffrir, surtout quand il songeait qu'ils avaient répercussion sur l'Ordre aimé auquel il appartenait. Il n'en conserva pas moins « sa sérénité habituelle, sa douce gaîté et son humble condescendance (1) ».

Aussi bien, il sentait venir la fin de la lutte, le moment du vrai triomphe et de la récompense. Vers le milieu de février 1845, il fut pris de vomissements inquiétants et répétés. Contraint de s'aliter, il attendit avec patience l'heure de Dieu. Ses amis ne l'abandonnèrent pas pendant le dernier combat et se pressèrent à son chevet. Tous étaient reçus avec la bonne grâce d'autrefois. Mgr Fornari, nonce apostolique, fut celui dont la visite lui valut le plus de joie : il lui apportait la bénédiction du Saint-Père. C'est quelque temps après l'avoir reçue qu'il s'éteignit sans souffrance, le 9 avril 1845, à trois heures du matin.

(1) *Archives de la Compagnie de Jésus*, dossier Loriquet.

La Compagnie de Jésus perdait en lui un fils pieux et dévoué, aussi prudent qu'entreprenant; l'Église, un prêtre irréprochable, un apôtre infatigable qui sut donner généreusement aux âmes son intelligence et son cœur.

Les ennemis que l'impiété lui suscite, maintenant comme autrefois, auront beau accumuler contre le vaillant lutteur les accusations les plus venimeuses, concentrer sur son œuvre leurs efforts les plus perfides, la défigurer par des inventions palpables ou des exagérations évidentes, y relever, sans se décourager, les plus légères méprises pour donner, en les grossissant, quelque apparence de vérité à leurs attaques et en imposer aux irréfléchis, ils ne réussiront pas à lui enlever l'auréole d'une agissante sainteté et d'une science, non pas impeccable sans doute, mais large et consciencieuse.

PIÈCES JUSTIFICATIVES

I

Noms des anciens élèves de Loriquet, signataires de l'adresse du 8 juillet 1828

Louis de Vaujuas
E. Lamotte
Chabenat de Bonneuil
Le Maistre d'Anstaing
Jules Bisson
Gustave de Longeville
Gérard Guy
Anselme Valat
Charles d'Assailly
Charles de Rochetaillée
Bernard de Menthon
Hilarion Marchand
Philibert de Longeville
Aimé de Belleroche
Charles de Guilhemanson
Camille de Vaujuas
Alex. Hesse
A. Le Gonidec

Musnier
Victor de Tramecourt
Clément de Saint-Germain
L. Thiébault
L. de Vaulchier
De Choiseul
Alfred Chabannes
De Valanglart
Michel Pelletan
Gilbert Chabannes
Clarion
Alphonse de Boissieu
Donay
De Kermenguy
Callandre
H. Chauvet
Gustave Pratz
P. de Lalande de Calan

G. Montault
A. Cousseau
J.-J. Vincart
Goulard
A. George
Saint-Sardos
S. Desgardes
P. Chabannes
Félix de Capdeville
A. de Barry
N. Goulon
Genons de Laroque
André de Préau
A. Martin
L.-E. Guy
De Jausselin
F.-A. Picau
C. d'Arrigan
P. Laperrine
A. de Guippeville
A. de Raymond
De Clausel
F. Colart
D. Bourdin
J.-B. Eloi
Le Metayer
Amédée Regnouf
A. Lecomte
Jourdan
J.-M. Dubois
M.-J.-F. de Guigné

H. Leblanc de Lespinasse
P. Prévot-Dulas
A. de Roguier
Ridouc
A. Kenny
J. de Lahaye
P. de Saint-Georges
T. de Villebresme
Mauvif
P.-G. Gras
C.-E. Nau
A. Chaffard
J. du Teil
Th. Revel
Victor Chocque
A. de Trannoy
Foursy
E. Latteux
L. Thellier
G. Lardeur
J. du Guer
Durand
Bailly
J. Dhuon
C. de Couettemont
E. Nolhac
Alfred de Surigny
Jules Prouvost
E. de Rougé
Derbaix
De Gatellier

De Lancguesaing
B. de Brutelette
C. de Kerdrel
J.-B. Matissart
C. de Perrien
De Seraincourt
De Villemorges
D'Houet
Hulin de Boischevalier
Philibert de Lescure
B. Dubois
L. de Bertier
L. de Glatigné
Foulques de Belleroche
Alphonse Tinseau
G. de Cremiers
Auguste Johamet
Charles Tribert
Lefebvre
D'Hardivilliers
G. de Vigan
Locatelli
Bergé
Vuiton
R. Le Gonidec
A. David

C. de Louvencourt
C. de Solages
R. de Vaux
A. Dutemps
Desprez
Raoul de Montesson
L. de Bellissen
Charles de Saint-Germain
Henri de Vigon
Charles de Lichy
A. de Halgüet
L. de Caix
S. d'Hendecourt
G. de Villebresme
A. de Lécluse
De Taffin
Fr. Soisson de Guinaumont
Ferdinand Amoudru
Ernest Pénel
L. de Guibert
Charles Leblanc de Lespi-
nasse
De Gomer
J.-H. de Lacombe
F. Laleune d'Escamps
A. Cartier

II

Pétition adressée à la Chambre des Pairs
(par Marcet de la Roche-Arnaud)

... Je déclare que je désavoue entièrement et de bonne foi tous les écrits que j'ai publiés en 1827, 1828 et 1829 contre les Jésuites, non point comme n'étant point de moi, mais comme les fruits honteux d'une vengeance pleine d'imposture ; et comme tels je les livre, ainsi que dès longtemps je les ai livrés, au blâme ou plutôt à l'oubli de tous.

Je déclare sans détours... que ce fut l'esprit de parti qui me mêla dans ce déchaînement dont les Jésuites furent victimes, me dicta ces extravagantes horreurs que je débitai au public ; et ce fut à cette honteuse condition de multiplier les plus incroyables faussetés que je dus ce succès populaire dont jouissaient alors ces déplorables productions.

Je me déclare, le plus hautement possible, très sincèrement honteux d'avoir été capable de le faire ; que c'est avec aussi peu d'honnêteté et de vérité qu'à peine sorti de l'Ordre des Jésuites, où tous les soins de l'amitié m'avaient été prodigués, je les ai accablés d'injures, de gaîté de cœur, sans raison, sans respect, par des personnalités tellement indignes, qu'en y pensant je ne comprends pas seulement comment un peuple honnête a pu les tolérer et comment un gouvernement sage et fort ne les a pas sévèrement punies.

TABLE DES MATIÈRES

Imprimerie E. AUBIN. — LIGUGÉ (Vienne).